MARTIN GECK

Die kürzeste Geschichte der Musik

Martin Geck wurde 1936 in Witten geboren. Er studierte Musikwissenschaft, Philosophie und Theologie; ab 1976 war er Professor für Musikwissenschaft an der Universität Dortmund. Mit seinen zahlreichen Büchern zur Musikgeschichte und Biographien großer Komponisten erreichte er ein breites Publikum jenseits der Fachgrenze. Er galt als »Doyen der Musikwissenschaft« (*Frankfurter Allgemeine Zeitung*) und als »letzter Generalist seiner Zunft« (*Der Spiegel*). Im November 2019 verstarb Martin Geck in Bochum. Bei Reclam erschien sein letztes Buch *Beethoven hören Wenn Geistesblitze geheiligte Formen zertrümmern* (2020).

MARTIN GECK

Die kürzeste Geschichte der Musik

RECLAM

Inhalt

Vorwort

Kann es das geben – eine Geschichte der Musik auf weniger als zweihundert Seiten, von der Urgesellschaft bis zum Hip-Hop?

Man hat mich manchmal gefragt, ob ich mein geballtes Wissen nicht in einer »großen« Musikgeschichte mit enzyklopädischem Anspruch versammeln wolle. Doch davor hat mir immer gegraust, denn selbst tausend Seiten hätten nicht ausgereicht, um aus den unendlich vielen Informationen, die es da zu verarbeiten gäbe, ein schön geschriebenes Buch zu machen.

Da will ich mich lieber gleich an den *Bildern einer Ausstellung* orientieren: Modest Mussorgski hat in seinem so bezeichneten Klavierzyklus nicht alle Bilder in Musik gesetzt, die er in der Ausstellung seines Maler-Freundes Viktor Hartmann kennenlernte, sondern nur eine Auswahl. Beliebig wirkt die Folge der zehn Tonbilder gleichwohl nicht; denn als Brücke zwischen den einzelnen Nummern gibt es die *Promenade*: Sie ist aus der Sicht eines Betrachters komponiert, der in der Ausstellung umhergeht und dabei einmal in diese, einmal in jene Stimmung gerät.

In ähnlichem Sinne mag man die 19 Kapitel meiner kleinen Geschichte der Musik als eine Auswahl von Bildern aus jener großen Ausstellung sehen, als die sich Musik über die Jahrtausende hinweg darstellt. Und auch eine »Promenade« fehlt nicht: Jedes Kapitel schließt mit einem Abschnitt, in dem noch einmal ausdrücklich der Autor spricht – Position beziehend und Fragen aufwerfend, für die er auch seine Leserinnen und Leser interessieren möchte.

Natürlich soll das Buch möglichst vielseitig sein. Dass jedoch von den alten Reichen nicht Indien, sondern China behandelt wird, dass zwar von Clara Schumann, nicht aber Fanny Hensel die Rede ist, dass Debussy den Vorzug vor Ravel erhält, dass häufiger von Klavier und Geige als von Trompete und Flöte die Rede ist –

dergleichen beruht auf einer subjektiven Entscheidung des Autors. Dass dieser Themen bevorzugt, in denen er sich besonders zu Hause fühlt, dürfte nicht zum Schaden des Buches sein: Wer vom Fach ist und genau liest, wird jedenfalls auf die eine oder andere Textpassage stoßen, die aus neuester Forschungsperspektive geschrieben ist.

Doch soll weniger die Wissenschaft als die Poesie der Musik im Mittelpunkt dieses Buches stehen; und der Autor wünscht sich Leserinnen und Leser, denen seine kleine Geschichte der Musik Lust macht, diese Poesie neu zu entdecken.

Ganz ohne Fachausdrücke kann und soll es nicht zugehen – doch die kann man nachschlagen oder dann und wann auch großzügig überlesen. Generell herrscht Mozarts Devise: »In meiner Oper ist Musik für aller Gattung Leute – ausgenommen für lange Ohren nicht!«

Von der mythischen Macht der Musik ... und den Stimmen der Naturvölker

Kann man sich eine Welt ohne Musik vorstellen? Ohne Gesang, Tanz, Hausmusik, Konzert? Ohne die Nationalhymnen oder die Schlachtrufe der Fußballfans? Ohne Musik in der Diskothek, im Radio, im Fernsehen, im Kino? Ohne Schallplatte, CD, DVD und was es sonst alles gibt?

Manche Menschen dürften Schwierigkeiten haben, nur einen einzigen Tag ohne Musik auszukommen! Was mich betrifft, so würde ich zwar lieber ohne Musik leben als verhungern. Wenn ich aber zu entscheiden hätte, ob die Menschheit – in einer weltweiten Fastenaktion – auf den Verzehr von Fleisch oder auf den Genuss von Bachs, Mozarts und Beethovens Kompositionen verzichten sollte, so würde ich mit Sicherheit das Fleisch vom Speisezettel absetzen und die Musik behalten.

Für Menschen, die in einer Wohlstandsgesellschaft aufgewachsen sind, mag dieses Beispiel reichlich seltsam klingen; ein Angehöriger eines Naturvolks jedoch würde mich sofort verstehen.

Inzwischen gibt es nur noch wenige Naturvölker, also Lebensgemeinschaften, die seit Jahrhunderten oder gar Jahrtausenden weitab von jeder Zivilisation an ihren traditionellen Riten festhalten und uns auf diese Weise eine Ahnung davon vermitteln, wie früher einmal die ganze Menschheit gelebt haben könnte. Ein Naturvolk, von dem sich zumindest kleine Gruppen bis heute erhalten haben, ist der westafrikanische Stamm der Dan. Dort bekam der deutsche Ethnologe Hans Himmelheber vor ein paar Jahrzehnten zu hören: »Die Musik ist sehr wichtig für uns. Ohne sie würden wir uns einfach hinsetzen und sterben. Denkt doch an die schwere Arbeit: ein Mann, der den Busch für eine Pflanzung niederschlägt; die Frauen, die den Reis stampfen! Deshalb sind Arbeitsgruppen, die von Musikern unterstützt werden, so wichtig. Wir haben keine Maschinen, die uns helfen. Aber dafür haben wir die Musik.«

Von einem anderen afrikanischen Stamm heißt es: »Bei den Woloff ist die Bedeutung des Trommelns für die gemeinschaftliche Arbeit so groß, dass sich die Arbeitsgruppe des Dorfes Njau während einiger Monate zur Untätigkeit verurteilt sah, als ihr bester Trommler infolge Trauer um einen nahen Verwandten ausfiel.« Musik dient hier nicht – wie bei uns – vor allem der Unterhaltung, Ablenkung und Entspannung. Es wäre allerdings auch falsch, in ihr eine Art Aufputschdroge zu sehen. Für die alten Kulturen ist sie vielmehr ein unverzichtbarer Kraftstoff: Während die zivilisierten Menschen ihre Maschinen mit Benzin betreiben, »tanken« die Dan Musik: Sie erst gibt ihnen die Kraft, über den Tag hinauszusehen und die schwere Arbeit des Buschrodens zu tun, die erst Wochen oder Monate später Früchte tragen wird. Allgemein könnte man sagen: Musik lässt sie ihre Existenz als sinnvoll erleben. Sie sind nicht allein mit der Natur, mit der schweren Tätigkeit und mit der bangen Frage, ob und wie es morgen weitergeht; in der Musik haben sie eine Begleiterin. Deren pulsierender Rhythmus macht deutlich, dass wir Menschen nicht in der Unendlichkeit der Zeit versinken: Wir werden von einer Ordnung gehalten – ebenjener Ordnung, die die Musik vorgibt.

Da ist die Vorstellung einsichtig, dass die Menschen die Musik nicht selbst erfunden, sondern von den Göttern als Geschenk erhalten haben – als eine Gabe, die sie in ihrer Schwachheit immer wieder stark macht. »Erst die Götter, dann die Musik, dann die Menschen.« So heißt es jedenfalls in vielen Sagen.

Hazrad Inayat Khan, ein indischer Weiser, überliefert folgende Legende: Während der Erschaffung der Welt konnte man die Seele sehen, wie sie frei herumflog und alles interessiert betrachtete – das Werden des Klangs, Tag und Nacht, Wasser und Erde, Pflanzen und Tiere. Und je reicher die Welt wurde, desto spannender fand die Seele alles, was um sie herum passierte. Am sechsten Tag schaute sie zu, wie der Schöpfer einen Körper aus Lehm formte. Sie erschrak fürchterlich, als sie ihn sagen hörte: »Deine Aufgabe ist es, in diesem Körper zu wohnen!« Die Seele protestierte lauthals: »Niemals! Ich bin frei, und meiner Natur entspricht es, unbeschränkt zu sein; wie soll ich mich da in ein Gefängnis begeben?« Da ließ der Schöpfer die Engel musizieren, und durch deren Musik wurde die Seele von einer nie gekannten Sehnsucht ergriffen. Diese Sehnsucht war es, die sie dazu brachte, den Körper neu zu sehen und schließlich darin zu wohnen.

Die griechische Sage erzählt vom Sänger Orpheus, der mit seinem Gesang wilde Tiere zähmt und sogar seine Gattin Eurydike dem Totenreich vorübergehend entreißen kann. Und in der 29. Rune des finnischen Nationalepos *Kalevala* zaubert der muntere Held Lemminkäinen durch lange Lieder und schönen Gesang in eine karge Insellandschaft Wälder, Seen, Quellen, Blumen und Geschmeide – die Jungfrauen, die ihn umschwärmen, sind begeistert.

Da ist sie wieder, die mythische Macht der Musik. Der alttestamentliche Prophet Elisa vermag dem dürstenden Volk eine Wasserader aufzutun, indem er von einem Musiker, der ihm vorspielt, seherische Kraft erhält. Sprichwörtlich sind die »Posaunen von Jericho«, von denen das biblische Buch Josua erzählt: Sieben Priester ziehen an sieben Tagen um die belagerte Stadt und blasen auf sieben Widderhörnern; am siebten Tag stürzen Jerichos Stadtmauern ein.

Wo in den alten Mythen und den Bräuchen der Naturvölker von der Macht der Musik die Rede ist, geht es natürlich nicht nur um kriegerische Anlässe. So gab es bei den Ammassalik-Eskimos auf Ostgrönland noch vor hundert Jahren regelmäßig Singwettstreite, die handgreifliche Auseinandersetzungen geradezu überflüssig machen sollten. Das sah so aus: Im Sommer trafen sich die zerstrittenen Parteien bei den gemeinsamen Fangplätzen, um sich in hellen Sommernächten »anzusingen«. Nächtelang dauerten die mit gegenseitigen Anschuldigungen und Schmähungen gespickten »Verhandlungen«, bis eine der beiden Parteien, zermürbt oder beschämt, abzog.

Fast ebenso alt wie der menschliche Gesang sind einfache Musikinstrumente. Auch sie haben ganz unterschiedliche Funktionen. Das Hauptinstrument der Ureinwohner von Ozeanien etwa ist das Schwirrholz – ein dünnes, meist ovales Holzbrettchen, das an einer Schnur herumgewirbelt wird. In seinem Heulen glaubt man die Stimme der Ahnen zu hören. Auf Kriegszügen verleiht das mitgeführte Schwirrholz dem Träger die Kraft und den Mut seiner Vorfahren. Frauen und Kinder dürfen es bei strenger Strafe nicht sehen.

Von den Bambuti-Pygmäen, einem Zwergvolk in Afrika, wird berichtet: »War eine Frau ihrem Manne gegenüber unbotmäßig, zänkisch oder hat sie ihn gar gebissen, dann surrt zur Nachtzeit das Schwirrholz in der Nähe ihrer Hütte. Sie weiß, dass ihr das gilt; schleunigst begibt sie sich zu ihrem Klan und erbittet ein Geschenk, um damit ihre Schuld zu sühnen.«

Die Musikkapellen der nordwestafrikanischen Haussa werden nach einer festen Rangordnung zusammengestellt: Holztrompeten sind einzig und allein dem König vorbehalten. Doppelglocken stehen bedeutenden Vasallen zu; hölzerne Hörner und Oboen dürfen nur zu Ehren von Beamten im Rang eines Distrikthäuptlings erklingen.

Besonders interessante Funktionen haben Sprechtrommeln, wie sie in fast allen Naturvolkkulturen der Nachrichtenübermittlung dienen. Auf Malekula, einer den Neuen Hebriden zugehörigen Insel, hat man für jeden wichtigen Gegenstand und jedes typische Alltagsereignis ein eigenes Trommelmotiv. Sucht ein Mann zum Beispiel sein Nitavu-Schwein, so trommelt er das Signal: »Wo ist mein Nitavu-Schwein?« Hat ein anderer das Schwein gesehen, antwortet er mit dem Signal »sumpsumpndew«, das heißt: »Ich bringe dir dein Schwein zurück!« Oder er teilt ihm den genauen Aufenthaltsort des Tieres mit oder nennt den Klan eines Mannes, von dem er weiß, dass er das Tier gefunden hat.

Solche Trommelmotive sind keineswegs nur rhythmische Abfolgen von Schlägen nach der Art »kurz-lang-lang«, »lang-kurz-kurz«. Vielmehr versucht der Trommler, die Klangschattierungen der menschlichen Stimme nachzuahmen, sein Instrument also wirklich zum »Sprechen« zu bringen. Dazu braucht er im wahrsten Sinne des Wortes Fingerspitzengefühl; und die Empfänger seiner Botschaften müssen feine und geübte Ohren haben.

Die Mazateco-Indianer aus der Provinz Oaxaca in Mexiko verwenden anstatt der Trommel eine Pfeifsprache. Will ein Mazateco die Aufmerksamkeit eines anderen erwecken, pfeift er dessen Namen. Dann stellt er ihm pfeifend eine Frage, warnt ihn vor einem Fremden oder Ähnliches. Sechs-, siebenmal kann der Dialog hin- und hergehen.

In weit größerem Maße als bei uns ist die Musik der Naturvölker körperzentriert. Beim Singen legt man gern eine Hand an Schläfe, Ohr, Wange oder Hals, um den Klang der Stimme zu verändern oder ihr Vibrieren zu unterstützen. Und natürlich betrachtet man den Körper als ein ideales Rhythmusinstrument. Klatschen, mit den Fingern schnipsen, auf die Brust trommeln, mit den Füßen stampfen – all das ist Musik, die jeder schnell erlernen kann und die doch großen Spaß macht.

Freilich gibt es auch bei Naturvölkern musikalische Tätigkeiten, die Spezialisten vorbehalten sind. Das sind zum einen Berufsmusiker, die ihre Instrumente virtuos beherrschen. Zum anderen handelt es sich um Schamanen und Medizinmänner, die bei ihren rituellen Handlungen mit Musik arbeiten. Bei den Blackfoot-Indianern etwa glaubt der Medizinmann, dass seine Macht untrennbar mit ein oder zwei Gesängen verbunden ist. Er spürt, dass er sie durch übernatürliche Vermittlung empfangen hat, deshalb darf sie niemand außer ihm verwenden. Und wenn jemand vom Stamm der Iglulik-Eskimos den Beruf des Schamanen erlernt, so muss er zum Abschluss seiner Ausbildung magische Formeln und Gesänge beherrschen, die Krankheiten heilen, gutes Wetter oder Jagderfolg bewirken.

Bei den südostaustralischen Kurnai fällt einer bestimmten Gruppe von Berufssängern, die man Bunjil-venjin nennt, die Aufgabe zu, Liebeslieder zu komponieren und vorzutragen, wenn ein verliebter junger Mann sie darum bittet. Alle im Dorf können das Lied hören, und eine Freundin teilt dem angeschwärmten Mädchen mit: »Dieses Lied wird zu deinen Ehren gesungen!« Dann fällt es ihm schwer, sich dem Liebeszauber zu entziehen.

Die Maori auf Neuseeland wiederum singen ihre »oriori« – Lehrgedichte mit oftmals kompliziertem Inhalt – bereits Säuglingen vor. Die können natürlich noch nicht verstehen, was man ihnen da über Ereignisse der Stammesgeschichte oder über alte Mythen erzählt. Doch schon früh bekommen sie das Gefühl: »Ich gehöre zu meinem Volk und bin ein Teil seiner Geschichte.«

Übrigens kennt kaum ein Naturvolk ein Wort, das unserem Begriff von Musik entspricht. Zwar unterscheidet man bestimmte Lieder oder Tänze nach den Ritualen, zu denen sie gehören, und man benennt auch diverse Instrumente und die Arten, sie zu spielen. Unbekannt ist hingegen »Musik« als eine abstrakte Größe. Und natürlich gibt es auch keine Notenschrift. Denn einerseits ist das, was wir »Musik« nennen, für die Naturvölker sehr wichtig; andererseits ist diese Musik nur »vorhanden«, wenn sie sich einem bestimmten Gesang, einem speziellen Fest usw. zuordnen lässt.

Wir Heutigen finden es zwar seltsam, wenn wir ein Morgenlied am Abend singen. Aber es hindert uns niemand daran. Und wenn dieses Morgenlied in der Klavierschule steht, üben wir es selbstverständlich auch am Nachmittag. Ein Mazateco-Indianer oder ein Ammassalik-Eskimo fände das verrückt. Er würde sagen: »Dann hat die Musik keine Kraft.« Oder gar: »Das ist verboten. Damit verstoßen wir gegen den Willen der Götter.«

IN PUNCTO TECHNIK hat es unsere Gegenwart weiter gebracht, als sich unsere Vorfahren je hätten träumen lassen. Das gilt auch für die Musik. Unsere Musikinstrumente sind höherentwickelt als diejenigen der Naturvölker, und viele Kompositionen sind komplizierter als ehedem. Überdies können wir uns Musik bequem vom Tonträger vorspielen lassen – zu jeder Stunde und in allen Lebenslagen. Wir haben also Musik im Überfluss; oft ist sie geradezu eine Wegwerfware. Ein paradiesischer Zustand?

Ich denke Folgendes darüber: Ich lehre Musikgeschichte an einer Universität. Da finde ich es praktisch, dass ich zum Beispiel in einer Vorlesung über Beethovens *Fünfte Sinfonie* an den passenden Stellen Ausschnitte von einer CD abspielen kann. Denn ein Sinfonieorchester könnte ich natürlich nicht engagieren. Überhaupt freue ich mich an dem schönen Klang eines solchen Sinfonieorchesters und noch mehr an den phantastischen Einfällen des Komponisten, die ohne ein modernes Orchester nicht zum Klingen gebracht werden könnten. Doch zugleich habe ich höchsten Respekt vor den Naturvölkern: Während wir weiter in der Technik sind, waren sie näher an der Musik; diese erschien ihnen so notwendig wie die Luft zum Atmen und so direkt wie eine zärtliche Berührung oder ein heftiger Schlag.

Diese hohe Wertschätzung der Musik drücken auch die Mythen aus: »Ohne Musik läuft nichts in der Welt und bei den Menschen«, lautet ihre Botschaft. Und oft erscheint in ihnen Musik als der Atem, mit dem die Götter dem Menschen das Leben einhauchen.

Jeder, der musikalisch ist und Musik liebt, spürt etwas von dem göttlichen Atem in sich, der ihm das Gefühl gibt: »Ich bin nicht umsonst und nicht allein auf der Welt. Ich gehöre zu einem großen Ganzen.« Nennen wir es ruhig Musik!

Musik in den alten Reichen
… zum Beispiel in China

Die jahrtausendelange Geschichte der chinesischen Musik ist gut geeignet, um den Übergang von den Bräuchen eines Naturvolks zu einer facettenreichen Hochkultur zu demonstrieren. Wir beginnen mit einer alten Legende über den Musikmeister Wen aus Zheng. Er begleitete den großen Gelehrten Xiang auf dessen Reisen und spielte drei Jahre lang die Zither, ohne eine vernünftige Melodie zustande zu bringen. »Geh lieber nach Hause«, sprach daraufhin Xiang. Meister Wen legte sein Instrument nieder und seufzte: »Es ist nicht so, dass ich keine Melodie hervorbringen könnte. Was mich hindert, hat nichts mit der Technik des Zitherspiels zu tun; und wonach ich strebe, sind keine Töne. Ich muss erst etwas in meinem Herzen erlebt haben, um mich auf meinem Instrument ausdrücken zu können. Noch wage ich nicht, meine Hand zu bewegen und die Saiten zu berühren. Gedulde dich noch ein wenig und prüfe mich dann!«

Nach einiger Zeit erschien er wieder vor Xiang: »Jetzt habe ich es geschafft. Höre mein Spiel!« Es war Frühling; doch als Wen die Shang-Saite zupfte und den achten Halbton zur Begleitung anschlug, kam ein Wind auf, und die Sträucher und Bäume begannen Früchte zu tragen. Als er die Jue-Saite zupfte, die er mit dem zweiten Halbton begleitete, erhob sich eine leichte Brise, und die Bäume und Sträucher entfalteten ihre ganze Pracht. Als er in der Sommerhitze die Yu-Saite zupfte und sie mit dem elften Halbton begleitete, senkten sich Raureif und Schnee hernieder, und die Gewässer froren zu. Als er im strengen Winter die Zhi-Saite zupfte und mit dem fünften Halbton beantwortete, begann die Sonne zu sengen, und das Eis taute im Nu. Schließlich spielte er die Gong-Saite und vereinte ihren Klang mit dem der anderen vier

Saiten; da säuselten liebliche Winde, Wolken des Glücks zogen herauf, süßer Tau fiel, und Quellen sprudelten kraftvoll hervor.

Die Legende vom Musikmeister Wen klingt zunächst wie eine der vielen Erzählungen der Naturvölker über die Macht der Musik. Hört man jedoch genauer hin, erfährt man, dass nicht der Klang der Musik als solcher die Kraft besitzt, die Natur zu beeinflussen; es muss vielmehr der menschliche Wille dazukommen, eine bedeutende Tat zu vollbringen. Ist er da, kann der Mensch sogar die Natur auf den Kopf stellen: Dann wird es durch sein Spiel auf der Zither im Sommer plötzlich ganz kalt und im Winter ganz heiß.

Ist der Mensch erst einmal davon überzeugt, dass er selbst derart große Wirkungen erzielen kann, so will er auch wissen, wie ihm das gelingt – und er entwickelt Theorien, mit deren Hilfe er die Regeln und Funktionsweise von Musik erforscht.

Auch die Legende von Wen kommt nicht ohne Musiktheorie aus. Da ist von fünf Saiten die Rede, die nach bestimmten Regeln gestimmt sind und die Namen Shang, Jue, Yu, Zhi und Gong tragen. Ferner wird angedeutet, dass es ein Tonsystem mit einer aus zwölf Halbtönen bestehenden Skala gibt.

Gong – Shang – Jue – Zhi – Yu: Diese Reihe entspricht unseren Tonsilben do – re – mi – sol – la oder: c – d – e – g – a. Wir reden von »halbtonloser Pentatonik« und gewinnen die entsprechende Skala, indem wir von einem Grundton aus eine Quint aufwärts, eine Quart abwärts, wieder eine Quint aufwärts gehen, und so weiter. Also zum Beispiel: c ↗ g ↘ d ↗ a ↘ e.

Das ist auch uns Europäern vertraut. Wir kennen es aus Kinderliedern wie *Backe, backe Kuchen*. Und eine Skala von zwölf Halbtönen ist uns ebenfalls nicht unbekannt: Wenn wir auf dem Klavier der Reihe nach alle Tasten anschlagen, die zwischen einer Oktave liegen, bekommen wir sie klanglich vorgeführt. Zwar trifft nicht zu, was man früher gern behauptet hat, dass nämlich die zwölf Töne der chinesischen Skala genau mit unseren zwölf chromatischen Halbtönen identisch sind. Aber zumindest gibt es große Ähnlichkeiten.

Grob gesagt, benutzt die chinesische Musik die fünf Töne do – re – mi – sol – la als Grundlage des Musizierens. Die Saiteninstrumente sind meist entsprechend der pentatonischen Skala gestimmt. Der größere Vorrat von zwölf Halbtönen ist freilich nicht überflüssig: Er erlaubt es, die Skala zu transponieren, also mit einem anderen Grundton, zum Beispiel cis, anfangen zu lassen: cis – dis – eis – gis – ais. Und außerdem dienen die chromatischen Stufen dazu, den Gesang durch Abweichungen von der Pentatonik interessanter zu machen.

Die chinesische Musiktheorie nimmt manche moderne Überlegung vorweg, hat aber vor allem Züge, die für die sehr alten Kulturvölker typisch sind: Jene Gesetze, welche die chinesischen Gelehrten über Musik aufgestellt haben, verstehen sich als Teil eines universellen Regelwerks, das den ganzen Kosmos beherrscht. Danach wurzeln alle Ordnungen, die wir kennen, im »großen Einen«, also in einer universellen Idee, die man zur Gänze weder wahrnehmen noch begrifflich fassen, jedoch in vielen unterschiedlichen Ausprägungen erleben kann. Die folgende Tabelle zeigt, wie man sich das Netzwerk kosmologischer Bedeutungen und Entsprechungen vorzustellen hat:

Töne	gong	shang	jue	zhi	yu
Himmelsrichtungen	Norden	Osten	Zentrum	Westen	Süden
Planeten	Merkur	Jupiter	Saturn	Venus	Mars
Elemente	Holz	Wasser	Erde	Metall	Feuer
Farben	schwarz	violett	gelb	weiß	rot

Konfuzius, der große chinesische Weise, ließ sechs Wissenschaften gelten: das Ritual, das Bogenschießen, das Wagenlenken, die Schreibkunst, die Astrologie und die Musik. Bei ihnen allen kommt es auf ein Höchstmaß an Disziplin und Ordnung an. Und das war in China besonders wichtig: Das riesige Reich konnte nur zusammengehalten und einheitlich regiert werden, wenn es strenge, überall gültige Maße und Regeln gab, an denen niemand zu rütteln wagte.

Heerscharen von kaiserlichen Beamten waren für die allgemeine Ordnung verantwortlich. Unter ihnen gab es auch spezielle Musikbeamte, die man als musikalische Eichmeister bezeichnen könnte. Schon der legendäre Kaiser Shun, der um 2285 vor unserer Zeitrechnung an die Macht kam, befahl seinem Hauptmusiker Kui, das Musikwesen des Reiches zu ordnen und dafür zu sorgen, dass die Instrumente überall gleich gestimmt waren, die Blasinstrumente die vorgeschriebene Länge und den richtigen Rohrdurchmesser hatten usw. Wollte sich der Kaiser vergewissern, dass er seine Regierungsgeschäfte richtig und zum Wohl des Reiches durchführte, so lauschte er aufmerksam den fünf Tönen der pentatonischen Skala und den acht Arten der Musikinstrumente. Und er ließ sich die Oden des Hofes sowie die Lieder aus den Dörfern vorspielen, um festzustellen, ob sie der vorgeschriebenen Tonordnung entsprachen.

Dieser »staatstragenden« Funktion der Musik gemäß kam deren praktischer Ausübung an den Kaiserhöfen eine große Bedeutung zu. Kaiser Ming Huang (707–756) unterhielt eine Kapelle aus 1346 Musikern: eine Vorhut von 890 Gong-, Zimbel-, Trommel- und Blasinstrumentenspielern, einen Chor von 48 Sängern und eine Nachhut von weiteren 408 Musikern. Für die höfischen Tanzensembles gab es das Amt des Tanzmeisters Wushi und das Amt des Verantwortlichen für die Rinderschwänze – ein wichtiges Utensil für die zentralen Hofriten.

Vor ein paar Jahrzehnten hat man ein Gemälde gefunden, das den weiblichen Teil des Hoforchesters zeigt. Die Frauen musizieren auf Harfe, Laute, Zither, Flöte, Oboe, Mundorgel, Klapper, Sanduhrtrommel und großer Trommel. Ming Huang komponierte sogar selbst; und das Bild stellt möglicherweise die Aufführung des Liedes *Der Duft der Li Dschu* dar, das er für seine Lieblingsfrau Yang Gue-fe geschrieben haben soll.

Chinesische Hofmusiker lebten in relativem Wohlstand, aber auch gefährlich. Immer wieder hatten sie ihrem toten Herrn in die Grabstätte zu folgen. In einem um 433 vor unserer Zeitrechnung angelegten Grab des Provinzherrn Yi aus Hubei finden sich neben dem Verstorbenen die Überreste von jungen Frauen und von Musikern mit ihren Instrumenten.

Nicht alle Menschen waren mit dem Luxus, der am kaiserlichen Hof und von anderen Repräsentanten des Staates getrieben wurde, einverstanden. Schon im 5. Jahrhundert vor unserer Zeitrechnung setzte sich zum Beispiel Mo-dsi, Begründer der Philosophenschule der Mohisten, für ein bescheidenes Leben ein. Die Verschwendungssucht der Vornehmen mache die Steuerlast der Armen noch drückender. Und durch Musik, so meinte Modsi, »werden die Hungrigen nicht satt, die Frierenden nicht gekleidet, die Müden nicht gekräftigt«. Von seiner Kritik ist freilich die Volksmusik ausgenommen, die weniger aufwendig und kompliziert gewesen ist, den Beteiligten jedoch mehr Spaß gemacht haben dürfte als die streng reglementierte Hofmusik.

Viele der chinesischen Musikinstrumente haben in Europa Nachfolger gefunden. Eine Besonderheit stellt jedoch die Mundorgel Sheng dar. Sie besteht aus dreizehn und mehr Bambusrohren, die in einem gemeinsamen »Windbehälter« enden. In die Rohre sind durchschlagende Metallzungen eingelassen. Bläst der Spieler Luft in den Windbehälter oder saugt er Luft aus ihm heraus, geraten die Zungen in Schwingung und erzeugen Töne.

Allerdings ist der Vorgang nicht so einfach wie das Blasen auf einer Mundharmonika. Der Spieler muss nämlich, um das gewünschte Bambusrohr zum Klingen zu bringen, ein Loch abdecken, das an dem Rohrteil außerhalb des Windbehälters angebracht ist. Und bis heute wird von Akustikern darüber diskutiert, warum nur dann ein Ton erklingt, wenn dieses Loch abgedeckt wird. Natürlich kann man auf der Mundorgel Sheng auch mehrstimmig spielen – etwa eine pentatonische Melodie mit ostinater, das heißt gleichbleibender Begleitung.

China ist nur ein Beispiel dafür, dass es schon lange vor dem europäischen Mittelalter Hochkulturen mit fundierter Musiktheorie und hochorganisierter musikalischer Praxis gibt. Dass die chinesische Hofkunst – von der traditionellen Volksmusik wissen wir recht wenig – in unseren Ohren gemessen und distanziert klingt, hängt mit der Bedeutung zusammen, die sie im Staatswesen hatte: Ohne geordnete Musik kein geordnetes Gemeinwesen. Für einen pulsierenden Rhythmus, für individuelles Musikantentum ist da kein Platz: Alles ist vorgeschrieben, und dem Einzelnen bleibt kaum Bewegungsfreiheit.

Trotz alledem lässt sich von der chinesischen Musik viel lernen. Wer etwa Gitarre spielt, nennt deren sechs Saiten mit den Tonbuchstaben e – a – d – g – h – e. Und das klingt ziemlich trocken. Wie wäre es, wenn man mit den Saiten die Vorstellung von Farben verbinden würde: Schwarz, Blau, Violett, Gelb, Weiß, Rot? Oder von Himmelsrichtungen: Osten, Südosten, Süden, Südwesten, Westen, Nordwesten. Oder aber von Feuer, Erde, Wasser, Stein, Licht und Luft?

Dergleichen scheint heute höchstens etwas für kleine Kinder zu sein, denen man rote oder blaue Punkte auf das Griffbrett klebt, damit sie auf anschauliche Weise Gitarrespielen lernen. Doch in Wahrheit steckt viel mehr dahinter: Wer mit einer Gitarrensaite die Vorstellung »Rot«, »Venus«, »Frühling«, »Feuer« verbindet, kommt schnell von der Auffassung weg, Musik sei bloßer nichtssagender Klang, und wird daran erinnert, dass Musikmachen bedeutet, Teil des Universums mit seinen unendlich vielen Erscheinungen zu sein. Dann kann man sich vorstellen, man bringe mit seiner eigenen Musik ein Stückchen Ordnung in die große Unordnung, die wir Menschen in der Welt immer wieder anrichten.

Auf anderen Feldern ist man da schon weiter. So hat sich inzwischen auch im Westen das »Qi-Gong« durchgesetzt, eine Art meditativer Selbsterfahrung mit körperlichen Übungen und Musik. Da finden auch Erwachsene nichts dabei, wenn solche Übungen »Reiten des wilden Pferdes« oder »Der doppelte Drachen springt aus dem Meer« heißen, fühlen sich vielmehr an ganzheitliche leibseelische Erfahrungen angeschlossen.

Manche europäischen Komponisten haben sich einen Sinn bewahrt für die kosmologischen Zusammenhänge, von denen hier die Rede war. Antonio Vivaldi schrieb einen Zyklus von vier Violinkonzerten, der seinen Hörern die Vorstellung von Frühling, Sommer, Herbst und Winter in Tönen nahebringen soll. Von Dietrich Buxtehude, einem Lehrer Johann Sebastian Bachs, stammen sieben Klaviersuiten mit dem Titel *Die Natur oder die Eigenschaft der Planeten*. Und Alexander Skrjabin komponierte Musik für ein Farbenklavier. Bis zu seinem Tod im Jahr 2007 war Karlheinz Stockhausen, ein ebenso interessanter wie umstrittener Komponist, damit beschäftigt, die letzten Teile eines gewaltigen musikdramatischen Zyklus mit dem Titel *Licht. Die sieben Tage der Woche* zu vollenden.

Von Mönchen und Spielleuten
Die Musik im europäischen Mittelalter

Vieles aus der Musik der Naturvölker und der alten Reiche lebt im europäischen Mittelalter fort. Auch dieses kennt Sagen von der Macht der Musik. So ist in dem aus dem 13. Jahrhundert stammenden *Kudrun*-Lied vom Helden Horant die Rede, der durch seinen bezaubernden Gesang das Herz der schönen Hilde von Irland für seinen Herrn, König Hettel von Dänemark, gewinnt. Doch damit nicht genug: Weder Gesunde noch Kranke können aufhören, Horants Melodien zu lauschen; die Tiere verlassen den Wald, die Würmer vergessen, sich durchs Gras zu winden, die Fische hören vor Entzücken auf zu schwimmen. Gegen Horants Stimme verblasst sogar der Chorgesang der Geistlichen, und die Kirchenglocken klingen nicht mehr so schön wie zuvor.

Ferner ist auch dem Mittelalter die Vorstellung nicht fremd, dass in Gottes großer Schöpfung alles aus einem komme und alles miteinander zusammenhänge. In der Bibel heißt es, Gott habe die Welt nach Zahl, Maß und Gewicht geordnet, und folglich suchen die gelehrten Mönche Übereinstimmungen zwischen den Proportionen, die im Kosmos herrschen, und denjenigen, welche sie in der Musik erkennen. Sie gehen davon aus, dass es Sphärenklänge – die »musica mundana« – gibt, die der Mensch beständig mit seinem inneren Ohr hört und die er unwillkürlich in die eigene Musik umsetzt. »Die Sonne tönt nach alter Weise in Brudersphären Wettgesang«, dichtet noch Goethe in seinem *Faust*.

Da wundert man sich nicht über die Stellung, welche die Musik unter den sieben freien Künsten des Mittelalters hat: Sie zählt mit Geometrie, Arithmetik und Astronomie zum »Quadrivium« der rechnenden und messenden Künste, dem das an der Sprache orientierte »Trivium« von Rhetorik, Grammatik und Dialektik gegenübersteht.

Ein besonders interessanter Vergleich lässt sich zwischen der Machtpolitik des europäischen Mittelalters und derjenigen der alten Reiche ziehen: Hatte die streng genormte höfische Musik zum Zusammenhalt des chinesischen Riesenreiches beigetragen, so übernimmt im karolingischen Reich der gregorianische Choral einen Teil dieser Funktion. Gemeinsam mit der lateinischen Sprache soll er für einen einheitlichen christlichen Ritus in ganz Westeuropa sorgen – in Italien, Spanien, Frankreich, Deutschland, England, Schottland, Irland und Skandinavien. Auf diese Weise soll nicht nur der Bestand des Papsttums und der römischen Kirche gesichert, sondern auch die weltliche Herrschaft von Karl dem Großen und seinen Nachfolgern auf dem Kaiserthron legitimiert werden. Dahinter steht die Hoffnung, dass Menschen, die jeden Sonntag auf dieselbe Weise die Messe feiern und den gleichen Gesängen lauschen, sich einem großen Ganzen zugehörig fühlen und nicht gegen die kirchliche oder weltliche Zentralmacht aufbegehren.

Doch vor allem in den germanischen Ländern, die zunächst von den Römern und später von den Karolingern unterworfen und oft mit Gewalt zum Christentum »bekehrt« worden sind, ist eine solche Idee nicht unumstritten. Noch in dem bereits erwähnten *Kudrun*-Lied wird der Gesang des germanischen Helden Horant über den Gesang der katholischen Kleriker und ihr Glockengeläut gestellt. Und obwohl die alten germanischen Bräuche seit dem 8. Jahrhundert von den herrschenden Karolingern streng verboten und fast alle Aufzeichnungen über heidnische Kulte verbrannt worden sind, gibt es immer wieder Proteste gegen die katholische Messe.

So ist in mittelalterlichen Chroniken von einem rituellen Reigen die Rede, den im Jahr 1020 aufrührerische Bauern auf dem Kirchhof des mitteldeutschen Dorfes Kölbingk tanzen, um die Weihnachtsmesse zu stören. Eine dazu überlieferte Gesangsstrophe lautet:

Ritt einst Bowo durch den Wald so grüne,
führte mit sich Merswint die Schöne.
Was stehn wir? Warum nicht gehn wir?

Der Sinn dieser Zeilen ist unklar; jedoch hielt die damalige Obrigkeit die Aktion in Kölbingk für so gefährlich, dass sie die Legende ausstreuen ließ, der erzürnte Priester habe die Bauern dazu verdammt, ein ganzes Jahr durchzutanzen.

Es gibt auch andere Zeugnisse dafür, dass das germanische Brauchtum im christlichen Mittelalter nicht völlig untergegangen ist. Selbst das gelegentlich noch heute zu hörende Spiellied

Ringel, rangel, reihe,
sind der Kinder dreie,
sitzen unterm Hollerbusch,
machen alle husch, husch, husch

ist nicht so »harmlos«, wie es den Anschein hat: Der Holler- oder Holunderbusch steht für die altgermanische Frau Holda oder Frau Holle, die ursprünglich eine Göttin der Fruchtbarkeit war und später unter dem Einfluss des Christentums zur Anführerin der Schar ungeborener Kinder wurde, die als elfen- oder hexenhafte Wesen während der »Zwölf Nächte« zwischen Heiligabend und dem Dreikönigstag durch die Lüfte fahren. In seinem *Tannhäuser*, einer im Mittelalter spielenden Oper, lässt Richard Wagner einen jungen Hirten singen:

Frau Holda kam aus dem Berg hervor,
zu ziehn durch Wälder und Auen;
gar süßen Klang vernahm da mein Ohr,
mein Auge begehrte zu schauen …

Im Mittelalter gaben freilich andere »süße Klänge« den Ton an – nämlich diejenigen des gregorianischen Chorals und der katholischen Liturgie. Und beide sollten, wie gesagt, möglichst im gesamten Abendland auf ein und dieselbe Weise erklingen. Das ist bekanntlich in erstaunlichem Maße geglückt: Noch im 21. Jahrhundert ist der gregorianische Choral in vielen Ländern ein fester Bestandteil der katholischen Messe. Wer heute in Deutschland einen solchen Gottesdienst besucht, wird dort W e i s e n hören, die nach wie vor an der mehr als tausend Jahre alten Gregorianik orientiert sind, obwohl die T e x t e der Liturgie inzwischen nicht mehr in lateinischer, sondern in deutscher Sprache vorgetragen werden.

Einheitlichkeit von solchem Ausmaß konnte dauerhaft nur erreicht werden, wenn man die Töne des gregorianischen Chorals schriftlich fixierte und entsprechend verbreitete. Zwar verwendeten schon andere Völker eine Notenschrift, unter anderem Chinesen und Griechen. Doch das waren Wort- oder Buchstabenschriften. Demgegenüber machen Mönche in den europäischen Klöstern des 7. bis 13. Jahrhunderts die phantastische Entdeckung einer Notenschrift von ganz neuer Qualität.

Am Anfang stehen »Neumen«; man könnte sie vage als Wegmarken beim Vortrag des einstimmigen gregorianischen Chorals bezeichnen. Später werden sie durch Noten im heutigen Sinn ersetzt, die ihren Platz in einem ausgeklügelten Liniensystem finden und die Tonhöhe genau angeben. Nach und nach differenziert man außerdem zwischen unterschiedlichen Tonlängen, so dass sich auch rhythmisch komplizierte Melodien exakt notieren lassen. Das Ganze ist ein langer Prozess, der erst im 13. Jahrhundert mit der

»Mensuralnotation« zu einem vorläufigen Abschluss kommt. Ihr Name kommt vom Lateinischen »mensurare« (»messen«) und besagt, dass man mit ihrer Hilfe die relative Zeitdauer der einzelnen Töne genau angeben kann.

Wäre es ihnen lediglich darum gegangen, einstimmige Melodien zu fixieren, hätten sich die mittelalterlichen Musikgelehrten den Kopf nicht so ausgiebig um die Notation zerbrechen müssen. Und in der Tat gilt ihr Interesse einem weiteren, viel spannenderen Phänomen: Während die Mönche ihre Weisen niederschreiben, kommt ihnen der Gedanke, eine zweite und womöglich dritte Stimme exakt unter die erste zu setzen; würde man dieses »mehrstimmig« Notierte tatsächlich aufführen, könnten die Weisen der Liturgie zur höheren Ehre Gottes in besonderem Schmuck erklingen.

Dergleichen hat freilich nur Sinn, wenn das jeweils untereinander Stehende auch gut zusammenklingt. Also muss man das »Komponieren« lernen, das heißt wörtlich: die sinnvolle Zusammenstellung von Tönen. Die »Partitur«, wie man die Zusammenschreibung mehrerer Stimmen später nennt, wird zu einer Art Landkarte. Auf ihr ist nicht nur der »Weg« der einzelnen Stimme eingezeichnet, vielmehr kann man auch den Gang der ganzen mehrstimmigen Komposition nachvollziehen und ihre schöne Ordnung auch lesend genießen.

Rückblickend erscheint es rätselhaft, dass die mittelalterlichen Gelehrten viele Generationen, ja Jahrhunderte gebraucht haben, um ihre Entdeckung wirklich zu nutzen und eine in unseren Ohren vollgültig mehrstimmige Musik zu komponieren. Man muss sich jedoch ihren Ausgangspunkt klarmachen: Einfache Mehrstimmigkeit wurde von den Volksmusikern längst praktiziert. Diese kannten zwar keine Noten, waren aber in der Lage, aus dem Kopf zu einer Hauptstimme eine zweite Stimme zu erfinden, welche die erste begleitet oder umspielt. (Heute gibt es Vergleichbares noch im Jazz.)

Solcherart improvisierte Mehrstimmigkeit wurde freilich von den mittelalterlichen Musikkennern geringgeschätzt, mochte sie ihnen insgeheim auch gut gefallen. Sie mussten daher den Eindruck erwecken, als würden sie die Mehrstimmigkeit neu entdecken. Und weil die dafür zuständigen Gelehrten das Komponieren – ähnlich wie im alten China – als eine philosophische und theologische Tätigkeit betrachteten, wollten sie vor allem beweisen, dass komponierte Mehrstimmigkeit dem göttlichen Schöpfungsplan entsprach. Für die Zusammenstellung der Töne waren somit dieselben Zahlenverhältnisse maßgebend wie für den gesamten Kosmos.

Fasziniert waren die Mönche von einer Beobachtung, die schon andere, zum Beispiel der griechische Philosoph und Mathematiker Pythagoras, gemacht hatten: Teilt man eine Saite im Verhältnis 1 : 2 oder 2 : 3 oder 3 : 4 und zupft sie anschließend an, so erhält man zum Grundton die Oktave (1 : 2), die Quinte (2 : 3) und die Quarte (3 : 4). In diesem einfachen Zahlenverhältnis 1 : 2 : 3 : 4 sah man einen Wink der Schöpfung, wie sich die mehrstimmige Musik theologisch korrekt einrichten ließe, und man komponierte zunächst schlichte »Organa«, also Stücke, in denen die Parallelbewegung von Oktaven, Quinten und Quarten vorherrschte. Das hörte sich allerdings so langweilig an, dass die Mönche phantasievoller werden mussten, wenn die Praktiker nicht über sie spotten sollten. Bis zum Ende des 15. Jahrhunderts entstanden dann in der Tat wahre kompositorische Wunderwerke, die zwar weiterhin streng nach bestimmten Zahlenverhältnissen geordnet waren, zugleich aber ein reiches harmonisches Gewebe bildeten.

Obwohl es die kunstvolle Mehrstimmigkeit gewesen ist, welche der europäischen Musik eine bis heute andauernde Weltgeltung verschafft hat, wäre es falsch zu glauben, dass sie das Musikleben des europäischen Mittelalters durch und durch geprägt hat. Wir vergessen leicht, dass sie zunächst nur in wenigen kirchlichen und weltlichen Zentren heimisch gewesen, der einfachen Bevölkerung jedoch unbekannt geblieben ist.

Das Volk erfreute sich vor allem an der schriftlosen Kunst der Spielleute, die – anders als die Mönche – auf unmittelbaren Kontakt mit ihrem Publikum bedacht waren. Sie spielten mitreißend zum Tanz auf, begleiteten sich zu ihren Heldengesängen und wirkten bei den unterschiedlichsten Theateraufführungen und Gaukeleien mit. Anders als die strenge kirchliche Kultur setzten sie auf die Abenteuer-, Hör-, Lach- und Bewegungslust von Menschen, die für einen Augenblick wieder »Kind« werden und sich naiv freuen oder gruseln wollten.

Die Vertreter von Obrigkeit und Kirche reagierten säuerlich oder feindlich. Sie nannten die Spielleute »Lockvögel des Teufels«, verwehrten ihnen bürgerliche Rechte und machten sie damit zwangsläufig zu »Fahrenden«, die überall und nirgends auf der Welt zu Hause waren und von jedermann angegriffen werden konnten. Und bekam ein Fahrender ausnahmsweise einmal gegenüber einem Bürger oder einem Adeligen recht, so durfte er nur dessen Schatten schlagen, musste sich also mit einer symbolischen Genugtuung begnügen.

Dass man ihnen oft sogar die christliche Beerdigung verweigerte und sie auf freiem Feld verscharrte, belegt ein Spruch des Nürnberger Volkspoeten Hans Sachs: »Stolp, stolp, stölperlein, da wird ein Pfeifer begraben sein.« Volkstümliche Redensarten wie »Spielleute und Lumpen wachsen auf einem Stumpen« oder »Gigel, geigel, Fidelboge, was der Spielmann sagt, das ist erloge« beleuchten diese heikle soziale Situation und kommen natürlich nicht von ungefähr: Wer von der Hand in den Mund leben muss, kann in seinen Überlebensstrategien nicht zimperlich sein.

Um die Spielleute vom »ordentlichen« Teil der Bevölkerung abzugrenzen, gab es allerlei Kleiderordnungen. Anders als etwa kirchliche Sänger durften sie hier und da nur kurze Kittel tragen.

Und weil sie vielfach die abgenutzten Kleider aus den Truhen der Reichen geschenkt bekamen, war ihre Tracht nicht selten buntscheckig oder von grotesker Pracht. Beliebt waren auch schuppenartige Überzüge, wie man sie von Papageno aus Mozarts *Zauberflöte* kennt. Aufgenähte bunte Lappen, welche die Behörden zur Kennzeichnung der Fahrenden manchmal ausdrücklich verlangten, verstärkten das Bild der Absonderlichkeit. Jüdische Musiker, die »Klezmorim«, wurden oft gezwungen, hohe, spitze Hüte aufzusetzen. Das am 1. August 1551 von Kaiser Ferdinand I. erlassene »Mandat des gelben Flecks« nimmt sogar den menschenverachtenden »Judenstern« aus der Zeit des Nationalsozialismus vorweg.

Sowenig die Spielleute einerseits galten, so unentbehrlich waren sie andererseits, um Freude und Farbe in den Alltag zu bringen und große Menschenansammlungen zu unterhalten. Nach einem Bericht der *Limburger Chronik* kamen anlässlich des Frankfurter Reichstags im Jahr 1397 außer achthundert Dirnen auch »funftehalp hondert farender lude, so spellude, pifer, dromper, sprecher und farende schuoler« in die Stadt. Wer Glück hatte, konnte sich dem Gefolge eines Fürsten anschließen und vielleicht sogar zum fest angestellten Trompeter aufrücken. In dieser Position trug er dann zur Ausgestaltung des höfischen Alltags bei, der im Fall Heinrichs XI. von Liegnitz mit den Worten beschrieben wird: »Ihro Fürstliche Gnaden liessen täglich 7 Trompeter neben Schlagung der Kessel-Drommel zu Tische blasen, sonsten übten sich I. F. G. täglich mit Ringe-Rennen, Spatzieren reiten, mit Tantzen, Mummereyen, Trincken und anderen Uppigkeiten und Kurtzweilen.«

Angesichts der Unkontrollierbarkeit fahrender Spielleute gingen die mittelalterlichen Städte dazu über, einige wenige Musiker zu »Stadtpfeifern« zu machen und mit Zunft- und Bürgerrechten auszustatten. Dass diese neuen städtischen Bediensteten gern über die angeblich geringe Kunst von »Bierfiedlern« und anderen unsteten Kollegen wetterten, war häufig Ausdruck reinen Neids. Denn so viele Stümper es unter den Fahrenden gegeben haben mag: Die meisten waren in der Welt herumgekommen, hatten viele musikalische Stile kennengelernt und spielten ohne Rücksicht auf verknöcherte Zunftregeln frei und virtuos auf. Bis heute steckt in jedem richtigen Musiker, und sei er noch so etabliert, auch ein Spielmann.

DAS EUROPÄISCHE MITTELALTER ist ein riesiger Schmelztiegel. Von älteren Hochkulturen unterscheidet es sich durch die erst sehr zögerliche, später jedoch zunehmende Bereitschaft, die Idee einer theologisch und philosophisch abgezirkelten Kunst mit der Virtuosität, Vitalität und Sinnenfreude von Volksmusik zu verschmelzen. Nur auf diese Weise konnte es zu den großen musikalischen Formen, zu der durchkonstruierten und zugleich blühenden Mehrstimmigkeit kommen, die man heute mit dem Etikett »Kunstmusik« versieht.

Deren Voraussetzung ist eine Notenschrift, die zeit-räumliches und visionäres Denken beflügelte. Oder umgekehrt gesehen: Die Bereitschaft zu einem solchen Denken ist die Voraussetzung für die Entdeckung der modernen Notenschrift gewesen. Hat all das etwas mit dem Wesen des Christentums zu tun? Oder mit dem neuen Wissenschaftsbegriff, der im europäischen Mittelalter aufkommt? Oder mit dem anbrechenden Zeitalter der großen Entdeckungen? Oder mit einer allmählichen Öffnung der Gesellschaft, die sich viele Jahrhunderte später einmal »aufgeklärt« nennen wird?

Eines jedenfalls ist sicher: Ebenso wenig wie die gotischen Dome der Phantasie eines einzelnen Baumeisters entsprungen sind, ist die mittelalterliche Musik losgelöst von der Gesellschaft denkbar, in welcher sie entsteht. Für jeden, der sich mit mittelalterlicher Musik beschäftigt, gilt somit der provokante Satz: »Wer nur was von Musik versteht, versteht auch davon nichts!«

»Soli deo gloria« oder »Wes Brot ich ess, des Lied ich sing«? Von den traditionellen Gattungen der Kirchenmusik

Beginnen wir mit der Motette. Sie trägt ihren Namen nach dem französischen »mot«, das heißt »Wort«; und das kommt so: Einige der mittelalterlichen Komponisten, die Teile der Liturgie zu einer mehrstimmigen Komposition verarbeiteten, sahen keinen Sinn darin, allen Stimmen denselben Text zu unterlegen. »Wenn es in einem mehrstimmigen Stück schon verschiedene Melodien gibt«, so fanden sie, »sollte es auch verschiedene Texte geben; erst dadurch bekommt jede Stimme ihren eigenen unverwechselbaren Charakter.« Die Bezeichnung »Motette« steht also für die auch textlich eigenständigen Stimmen, welche zum liturgischen »cantus firmus« – meist ein Ausschnitt aus dem gregorianischen Choral – hinzukommen.

Die ersten solcher mehrtextigen Kompositionen sind nach dem heutigen Stand der Forschung um 1200 in der Komponisten- und Sängerschule der Pariser Kathedrale Notre-Dame entstanden – dem bedeutendsten Zentrum hochmittelalterlicher geistlicher Musik. Obwohl die Komponisten auch dort vor allem Kleriker waren, wurde es ihnen zu langweilig, sich ausschließlich mit gottesdienstlichen Texten und Weisen zu beschäftigen. Vielmehr bezogen sie in ihre Stücke das in Paris kursierende weltliche und volkssprachliche Liedgut mit ein. Manchmal schmuggelten sie geradezu schlüpfrige Texte in ihre geistlichen Werke.

Im Laufe der Jahrhunderte gelang es den Kirchenoberen allerdings, die Kirchenmusik von solchen Unreinheiten wieder zu säubern. Zur Zeit ihrer Hoch- und Spätblüte unter Giovanni Pierluigi da Palestrina – um die Mitte des 16. Jahrhunderts – ist es dann mit dem Wildwuchs endgültig vorbei: Nicht nur wegen der Ausgewogenheit des musikalischen Satzes, sondern auch wegen der Einheitlichkeit der liturgischen Texte sind Palestrinas Kompositionen ein Muster an Reinheit und Makellosigkeit.

Wo von »Motette« die Rede ist, meint man freilich nicht nur eine bestimmte Gattung kirchlicher Musik, sondern auch einen bestimmten Kompositionsstil, nämlich die Polyphonie, das heißt »das vielfältig Klingende«. Die zu ihrer Blütezeit meist vierstimmige Motette besteht aus selbständigen, in unterschiedlichen Abständen einsetzenden und pausierenden, oft einander imitierenden Stimmen. In diesem Sinne kann man die Teile der mehrstimmigen Messe – *Kyrie, Gloria, Credo, Sanctus* mit *Benedictus, Agnus Dei* – als Spezialformen der Motette betrachten.

In der Geschichte von Motette und Messe stoßen wir auf eine lange Reihe von Namen großer Komponisten. Aus dem 14. Jahrhundert ragt Guillaume de Machaut hervor, der vor allem an der königlichen Kathedrale zu Reims wirkte, als Dichter und als Komponist gleich angesehen war und neben seinen geistlichen viele weltliche Werke schuf.

Die Musik des 15. Jahrhunderts wurde in besonderem Maße durch Guillaume Du Fay geprägt. Er stammte aus der berühmten Sängerschule der Kathedrale zu Cambrai im heutigen Nordfrankreich, stand in Diensten des päpstlichen Hofs sowie des Hofs von Savoyen und lebte zuletzt in seiner Heimat Cambrai. So prominent er seinerzeit war – von seiner Kunst hätte er sich nicht ernähren können. Er war darauf angewiesen, dass ihm seine weltlichen und kirchlichen Gönner gut dotierte Pfründen verschafften. An der Kathedrale zu Cambrai wirkte er nicht nur als Musiker, vielmehr trug er auch für die Weinvorräte des Domkapitels und für notwendige Kanalarbeiten Sorge.

Ähnliches ist von Josquin des Prez zu berichten. Von den Zeitgenossen ein »Fürst der Musik« genannt, wirkte er als Sänger und Komponist in der päpstlichen Kapelle und danach als Hofkapellmeister in Ferrara, um schließlich im französischen Condé Propst des Domkapitels zu werden. Als solchem unterstanden ihm der Dekan, der Schatzmeister, 25 Kanoniker, 18 Kapläne, 16 Vikare und sechs Chorknaben. Obwohl Josquin des Prez, der 1521 starb, kein Anhänger der Reformation war, wurde er von Martin Luther hoch verehrt. Durch ihn, meinte der Wittenberger Kirchengründer, habe Gott gezeigt, dass man das Evangelium auch durch die Musik predigen könne.

Palestrina, dessen Musik die Jahrhunderte überdauerte, entstammte ebenfalls der päpstlichen Cappella Sistina, musste diese allerdings verlassen, als Papst Paul IV. nach seinem Amtsantritt im Jahr 1555 dort nur noch Kleriker duldete. Jahrzehnte später heiratete er die wohlhabende Pelzhändlerswitwe Virginia Dormoli.

Überblickt man die Geschichte der Polyphonie von ihren Anfängen im 9. bis zu ihrer Hochblüte im 16. Jahrhundert und zugleich die Geschichte des Berufsstandes »Komponist«, so stellt man einen erstaunlichen Aufstieg fest: Binnen weniger Jahrhunderte werden aus unbekannten Mönchen, die in ihren Klosterzellen mit der Mehrstimmigkeit oft nur auf dem Papier experimentieren, kleine Musikfürsten mit hohem Ansehen. Darüber darf man freilich nicht vergessen, dass die kunstvolle Kirchenmusik bis ins 16. Jahrhundert hinein einen Luxus darstellt, den sich nur größere Höfe und reiche Kirchen leisten können. In den Dörfern und kleineren Städten kommt davon so gut wie nichts an.

Auf das Zeitalter der Motette und der Polyphonie folgt ab etwa 1600 dasjenige von Konzert und Generalbass. Die Menschen erleben damals einen gewaltigen stilistischen Umbruch, der nur mit dem Übergang zur »neuen Musik« im 20. Jahrhundert vergleichbar ist. Viele Musikforscher lassen hier die Neuzeit der Musikgeschichte beginnen.

Schauen wir noch einmal zurück: Die Motette und alle andere mehrstimmige Musik wurden in der Regel von einer kleinen Schola aufgeführt, die sich aus Mönchen und Sängerknaben zusammensetzte. Text und Melodie las man gemeinsam aus einem großen, im Altarraum aufgestellten Chorbuch ab. Musikinstrumente wirkten, wenn überhaupt, in untergeordneter Funktion mit.

Die »Schola cantorum«, wie man dieses liturgische Ensemble nannte, sang zwar auch zur Freude und Erbauung der Zuhörer, vorrangig aber zur Ehre Gottes. Es war deshalb nicht von entscheidender Bedeutung, ob die Zuhörer dem komplizierten polyphonen Gewebe der Motette wirklich folgen konnten; wichtig war, dass überhaupt kunstvolle Musik erklang.

Man kann in diesem Zusammenhang an die farbigen Kirchenfenster eines gotischen Domes denken, die manchmal so hoch oben oder an so versteckter Stelle angebracht sind, dass kein Kirchenbesucher die abgebildeten Motive im Detail erkennen kann. Gleichwohl sind diese Fenster mit großer Kunst und Sorgfalt angefertigt und keineswegs nutzlos: Wie der Gesang der Schola dienen sie dem Lob Gottes – nicht anders als jeder schön gewachsene Baum, jedes zweckmäßig geschaffene Tier, das durch seine bloße Existenz Gott lobt.

Während die Sänger der Schola Generation um Generation ihren Dienst verrichten, bricht allmählich eine neue Zeit herein: die Renaissance. Wörtlich übersetzt heißt das »Wiedergeburt«; und wiedergeboren werden soll die vorchristliche Ära der alten Griechen und Römer. In jener Zeit, so meinten die Menschen in der Renaissance, lief nicht alles in bloßer Andacht und allein zur Ehre Gottes ab. Es dominierte vielmehr eine »weltliche« Kunst, in welcher der Mensch sich in seiner eigenen Würde und mit seinen eigenen Fähigkeiten abbildete.

Ein typischer Renaissance-Künstler ist Leonardo da Vinci: Von ihm stammt nicht nur das bekannte *Abendmahl*, also eine biblische Szene, sondern auch das »weltliche« Porträt der *Mona Lisa*. Und er hat allerlei interessante Erfindungen gemacht, die zeigen, wie der Mensch durch kluge Planung seine Umwelt beherrschen kann.

Nun ist die Musik eine besonders traditionsverhaftete, geradezu langsame Kunst. Als sie sich um 1600 den Ideen der Renaissance mit Entschiedenheit öffnet, ist in den anderen Künsten schon fast alles vorbei. Doch jetzt dreht die Musik auf: Sie will ebenfalls nicht länger nur dienen, nur den Gottesdienst zieren. Zunehmend entstehen Werke, die für das weltliche Leben gedacht sind und unmittelbar das Gefühl ansprechen sollen. Außerdem versuchen sich die Komponisten mit Erfolg an reiner Instrumentalmusik.

Anstatt wie die Mönche früherer Generationen zu sagen: »In erster Linie machen wir eine komplizierte Kunst zur Ehre Gottes; in zweiter Linie achten wir darauf, dass sie schön klingt«, fordern sie umgekehrt: »Vor allem soll unsere Musik schön klingen und zu Herzen gehen; dass wir damit zugleich Gott ehren, versteht sich dann von selbst!« Den damals entstehenden Stil wird man später »Barock« nennen; hervorgegangen ist er aus dem Wunsch, Renaissance-Ideen nachzuholen.

Wie gesagt, werden jetzt zwei Kategorien wichtig: Konzert und Generalbass. »Konzert« wird meist mit »Wettstreit« übersetzt. Beim Klavierkonzert etwa »misst sich« der Solist mit dem Orchester; um 1600 aber geht es erst einmal um den »Streit« von zwei Vokalchören, und die frühesten Belege dafür stammen aus dem Markusdom von Venedig. Die »moderne« Kirchenmusik wird dort nicht mehr durch die Schola im Altarraum aufgeführt, sondern von zwei auf unterschiedlichen Emporen postierten Chören – manchmal sind es sogar vier Chöre auf vier Emporen. Sie singen sich wechselseitig zu: Der eine Chor beginnt laut, der andere antwortet leiser. Der eine wird von Violinen begleitet, der andere von Posaunen. Und manchmal wird ein Chor ganz durch ein Instrumental-Ensemble ersetzt.

Eine solche Musizierpraxis hat zwar Vorbilder in der Psalmodie; vor allem aber kommt sie aus der Volksmusik und vom geselligen Singen her: Die Gruppe der Frauen singt eine Strophe, die

Männer antworten mit einer anderen. Oder: Ein Vorsänger beginnt, die übrigen Chormitglieder folgen. Die Struktur derartiger Musik ist vergleichsweise einfach und »natürlicher« als die einer Motette. Zumal viele prächtige Instrumente hinzukommen, macht das Ganze auf die Hörer einen zauberhaften Eindruck.

Es ist kein Zufall, dass diese konzertante Mehrchörigkeit ihre erste Blüte im Stadtstaat Venedig erlebt hat. Zum einen steht dort wegen des florierenden Überseehandels so viel Geld zur Verfügung wie nirgendwo sonst; man kann daher problemlos eine größere Truppe von Berufsmusikern bezahlen. Zum anderen bedarf es, um auswärtigen Besuchern zu imponieren, repräsentativer Staatsakte.

Man stelle sich vor, die Stadtregierung hätte die zwei japanischen Prinzen, die 1585 mit ihrem Gefolge zu einem offiziellen Besuch eintreffen, in der Staatskirche von San Marco mit einer zwar kunstvollen, aber auch schwer verständlichen Motette begrüßt, vorgetragen von einer kleinen Schola im Altarraum. Das hätte gewiss weniger Eindruck gemacht als das schon fast plakativ einfache, jedoch höchst effektvolle Musizieren eines modernen vokalinstrumentalen Ensembles. Mit vier Chören sei für die japanischen Gäste musiziert worden, schwärmt noch achtzig Jahre später der Chronist Francesco Sansovino: »Eine neue Bühne wurde für die Sänger errichtet. Zu den beiden bereits vorhandenen Orgeln kam eine dritte; und die anderen Instrumente machten die schönste Musik – mit Hilfe der besten Sänger und Musiker, die man in der Gegend finden konnte.«

Allerdings lässt sich die Gattung des geistlichen Konzerts nicht allein aus dem Wechselspiel zwischen vokal-instrumentalen Chören oder zwischen einem Chor und einem oder mehreren Solisten erklären. Auch ist es nicht mit dem Hinweis getan, dass eine dem Tanz nahestehende Metrik die Fasslichkeit von Kunstmusik begünstigt. Den Erfolg bringt besonders die neue Dur-Moll-Harmonik. Diese operiert bevorzugt mit der Kadenz, die von den Dreiklängen über der ersten, vierten und fünften Stufe (I – IV – V – I) gebildet wird.

Vor allem die Kadenzharmonik ist es, welche eine Komposition im modernen Sinne »spannend« macht. Zu ihrer klanglichen Umsetzung bedient man sich des Generalbasses, also einer Instrumentengruppe, welche die Komposition mit einer kontinuierlichen Folge von Akkorden »begleitet«. Dafür finden damals harmoniefähige Instrumente wie Orgel, Cembalo und Laute Verwendung; zur Verstärkung des Bassfundaments geht oft ein tiefes Streich- oder Blasinstrument mit.

Die vom »Basso continuo« realisierte Dur-Moll-Harmonik kann man mit einem Koordinatensystem vergleichen, das es dem Hörer erleichtert, in einem Musikstück die Orientierung zu behalten, auch wenn kühne harmonische Gänge über Höhen und durch Tiefen oder gar auf Abwege führen. Nicht zu Unrecht hat man ihre Entdeckung mit derjenigen der Zentralperspektive in der Malerei verglichen.

Im Verlauf des 17. Jahrhunderts verändert die Gattung »geistliches Konzert« ihr Aussehen kontinuierlich. In Deutschland geht man bald zu kleineren, solistischen Besetzungen über – nicht zuletzt im Zeichen des Dreißigjährigen Krieges, der das Musikleben auf eine fast unvorstellbare Weise zum Erliegen bringt. Dennoch sind viele Tausende geistliche Konzerte geschrieben worden – unter anderem von Heinrich Schütz, dem bedeutendsten deutschen Komponisten des 17. Jahrhunderts, und von Dietrich Buxtehude, dem schon erwähnten Lübecker Lehrer Johann Sebastian Bachs.

Um die Wende zum 18. Jahrhundert wird die evangelische Kirchenmusik um eine neue Gattung bereichert: die Kantate. Die Motette des 16. und das geistliche Konzert des 17. Jahrhunderts waren einteilig gewesen und jeweils über nur eine Textsorte – Bibelwort oder Kirchenliedstrophe – komponiert worden. Nun wünscht man sich mehrteilige Werke mit womöglich verschiedenen Textsorten.

Doch wer ist »man«? Zunächst sind es die frommen Gottesdienstbesucher: »Zwar wollen wir«, melden sie sich zu Wort, »auf die alten Bibelsprüche und Kirchenlieder nicht verzichten, aber wir möchten auch neu geschaffene Glaubens- und speziell Jesus-Lieder hören. Um solche Lieder mögen die Herren Komponisten ihre geistlichen Konzerte gefälligst verlängern.«

Das geschieht tatsächlich, ergibt allerdings um die Wende zum 18. Jahrhundert so viel kreatives Durcheinander, dass bald ein Vorschlag von ganz anderer Seite kommt, nämlich von den Vertretern des Adels: »Das ist ja alles schön und gut«, sagen sie ihren Hofdichtern und -komponisten, »doch ihr müsst Ordnung in die Sache bringen und bei der Gelegenheit auch gleich dem modernen Musikgeschmack Rechnung tragen!« Und weil dieser Musikgeschmack von der Oper bestimmt ist, empfehlen sie, eine Kirchenkantate wie eine Oper anzulegen und passende Texte zu dichten, die wie ein Opernlibretto durch den regelmäßigen Wechsel von Rezitativ und Arie gekennzeichnet sind.

Damit sind wiederum die frommen Christen nicht einverstanden, denn die Oper ist für sie weltlicher Tand. Außerdem – wo bleibt da der Chor, wo ist der Platz für Bibelwort und Choral? An den Adelshöfen und in den Städten einigt man sich auf einen Mittelweg, dem auch Johann Sebastian Bach in vielen seiner etwa zweihundert erhaltenen Kirchenkantaten folgt: Der Kern der Kantate wird nach dem Vorbild der Oper als eine Folge von Rezitativen und Arien über moderne Dichtung gestaltet; den Kopf bildet ein Konzertsatz über ein Bibelwort oder ein Kirchenlied; und am Schluss steht ein schlichter vierstimmiger Choral.

ÄHNLICH DER ALLGEMEINEN GESCHICHTE der Menschheit ist die Geschichte der europäischen Kunstmusik ein kompliziertes

Wechselspiel zwischen Anpassung und Autopoiese, also Selbsterschaffung.

Das Wort »Anpassung« verweist auf die Einsicht, dass Komponisten ihre Arbeit nicht im luftleeren Raum verrichten, sondern ihrem gesellschaftlichen Umfeld verpflichtet sind. Dieses bestimmt ihre Einfälle und Möglichkeiten, ohne dass sie oder andere darin unbedingt eine Beeinträchtigung sehen müssten. Dass zum Beispiel einem an der Kathedrale zu Reims tätigen Geistlichen des 14. Jahrhunderts nicht die Idee hätte kommen können, eine Oper *Carmen* zu komponieren und damit die Massen mitzureißen, liegt auf der Hand: Die Entwicklung war nicht so weit. Guillaume de Machaut, an den ich hier denke, tat vielmehr das, was sein Umfeld zuließ: Er schrieb Messen, Motetten und kunstvolle weltliche Lieder für Kenner.

Der Begriff »Autopoiese« beleuchtet die andere Seite der Medaille. Immer wieder gibt es Künstler, die mehr wollen, als im Augenblick möglich erscheint. Künstler, die Visionen haben, zu deren Verwirklichung sie Kämpfe führen und Opfer auf sich nehmen. Zwar kommen auch sie nicht ohne Kompromisse aus; so hat Bach mit dem »Kompromiss Kirchenkantate« leben müssen, ihm jedoch wunderbare Werke abgetrotzt! Da erschafft sich die musikalische Kunst selbst – manchmal geradezu entgegen ihrer Umwelt.

Auch heute kann man als Dirigent, Pianistin, Geiger, Bläser, Musiktherapeutin, Musiklehrer oder Musikkritikerin Dinge tun, welche die »Sache Musik« weiterbringen. Unverändert gibt es neue Perspektiven zu entwickeln – gerade in der Kunst. Solches gilt auch für diese kleine Geschichte der Musik: Die Tatsachen, von denen die Rede ist, könnte man sich oftmals anderswo zusammensuchen. Der Tonfall des Buches ist jedoch unverwechselbar, gehört allein dem Autor. – Und jeder sollte sich fragen: Wo bist du selbst unverwechselbar?

Lauter Genies?
Die Bach-Familie

Christoph Willibald Gluck stieß mit seinem Wunsch, Musiker zu werden, auf so viele Widerstände, dass er mit sechzehn Jahren aus dem elterlichen Forsthaus ausriss und sich singend und Maultrommel spielend in die Musikstadt Wien durchschlug. Dort stieg er zu einem der berühmtesten Komponisten seiner Zeit auf – über seinen Tod hinaus von Musikgrößen wie Beethoven und Wagner verehrt.

Man sieht: Auch ohne einer Musikerfamilie zu entstammen, kann man es weit bringen. Allerdings wird sich ein Kind von Musikern wohl mit größerer Wahrscheinlichkeit durchsetzen als eines, das ohne äußere Hilfe zu seiner Berufung finden muss.

Und die Bach-Familie? Lange Zeit hat man sie als Beleg dafür genommen, dass Musikalität vererbt werde. Doch genauso gut könnte sie für die These herhalten, dass es auf den frühen Umgang mit Musik ankomme; denn wo ist mehr geübt, musiziert und komponiert worden als bei den »Bachen«, die ja sogar ihre Familientage zu Musiktreffen machten!

Die Geschichte dieses Musikergeschlechts beginnt mit Veit Bach, der um 1545 vor den Protestantenverfolgungen aus Ungarn flüchten muss und als Bäcker in Wechmar bei Gotha eine neue Heimat findet. Begnügt sich der Stammvater damit, beim Kornmahlen das als Volksinstrument beliebte »Cithrinchen« zu zupfen, so hilft sein Sohn Johannes, obwohl er den Hauptberuf vom Vater übernimmt, schon hier und da als Spielmann aus. Für drei Söhne des Johannes Bach wird die Musik dann erstmals zur Profession. Christoph, der Mittlere, interessiert hier besonders, denn er ist Vater von musikalischen Zwillingen, deren einer, Johann Ambrosius, als Vater von Johann Sebastian Bach in die Geschichte eingehen wird.

Dabei ist dieser Johann Ambrosius selbst ein angesehener Musiker: Als Hoftrompeter und Leiter des Stadtpfeifer-Kollegiums beherrscht er das Musikleben von Eisenach, wo ihm und seiner Gattin, der Kürschnertochter Elisabeth Lämmerhirt, im Jahr 1685 der jüngste seiner Söhne, Johann Sebastian, geboren wird. Man mag es als eine Fügung besonderer Art ansehen, dass der berühmteste aller »Bache« seine Jugend gerade in dem damals etwa 6000 Einwohner zählenden Eisenach verbringen wird: Wie eine Puppenstube birgt die Stadt für den Jungen bis in Einzelheiten hinein all das, was dem Mann einmal über die Jahrzehnte hinweg zum Lebensinhalt werden wird: das als Stadtpfeiferei dienende, auch Lehrjungen und Gesellen beherbergende Elternhaus; die traditionsreiche Lateinschule im alten Dominikanerkloster; die Hauptkirche St. Georg mit Orgel und Sängerchor; das Rathaus mit den Turmbläsern; die Kurrende, ein Chor von Schülern aus meist ärmeren Familien, der vor den Häusern und an den Gräbern wohlhabender Bürger sang; und schließlich die nahe Wartburg mit ihren höfischen Suiten, Konzerten, Sonaten und Kantaten.

Johann Sebastian Bach ist dieser »Urszene« weitgehend verhaftet geblieben, jedenfalls über den thüringisch-sächsischen Raum kaum hinausgekommen. Reisen haben ihn nicht weiter als bis nach Hamburg, Lübeck und Berlin im Norden, Karlsbad im Süden und Kassel im Westen geführt. Während der im benachbarten Halle geborene Antipode Georg Friedrich Händel schon früh eine Karriere im Ausland anstrebt, gleicht Bach in seiner Standfestigkeit eher seinem großen Landsmann Martin Luther, der zwei Jahrhunderte zuvor dieselbe Lateinschule wie er besucht und sich das Schulgeld ebenfalls als Kurrendesänger verdient hat.

Binnen eines Dreivierteljahrs sterben dem neunjährigen Johann Sebastian die Eltern weg. Er kommt zu seinem älteren Bruder Johann Christoph nach Ohrdruf, besucht die dortige kleine Lateinschule bis zur Prima und wechselt danach als Vierzehnjähriger nach Lüneburg, wo ihn die angesehene Michaelisschule als Freischüler annimmt. Im Rahmen des Kirchendienstes, zu dem er nunmehr verpflichtet ist, wird Johann Sebastian Ohren und Augen aufgesperrt und sich vor allem im Orgelspiel weitergebildet haben.

1703 – da ist er achtzehn – fängt er als Organist in Arnstadt an und ärgert alsbald die Kirchenoberen durch sein keckes Orgelspiel: Er begleite den Gemeindegesang übertrieben kunstvoll, mache »wunderliche Variationes«, mische »viele frembde Thone« ein und orgele überhaupt viel zu lang – so heißt es in kirchlichen Protokollen. Auch habe er den für eine Reise nach Lübeck gewährten Studienurlaub maßlos überzogen, ferner eine »frembde Jungfer« als Sängerin zu sich auf die Orgelempore gelassen und sich mit dem Schüler Geyersbach handgreiflich auseinandergesetzt.

Der junge Bach ist kein Leisetreter; und wird er getadelt, so sieht er sich, anstatt zurückzustecken, lieber nach einer neuen Stelle um. Die findet er 1707/08 für ein knappes Jahr als Organist in Mühlhausen, danach für neun weitere Jahre als Hofmusiker in Weimar. Dort erreicht Bachs Schaffen einen ersten Höhepunkt: Nunmehr wird deutlich, dass Bach nicht nur eine Karriere als Klavier- und Orgelvirtuose anstrebt, sondern – gerade dreißigjährig – mit aller Leidenschaft nach den grundlegenden Gesetzmäßigkeiten von Musik fragt. Auf der Basis des obligaten dreistimmigen Satzes versucht er alsbald alle Bereiche der Komposition zu erfassen: Es entstehen Instrumentalkonzerte und Sonaten, ausdrucksstarke Kirchenkantaten, die Choräle des sogenannten Orgelbüchleins und viele Präludien und Fugen für Orgel.

Bereits in Weimar hat Bach eine Reihe von Schülern, und auch an persönlichem Ehrgeiz fehlt es nicht: Als man ihn bei der Neubesetzung der Kapellmeisterstelle übergeht, drängt er bei seinem herzoglichen Dienstherrn so heftig auf Entlassung, dass ihn dieser wegen »Halsstarrigkeit« mit einigen Wochen Arrest bestraft. Wenigstens ergeht es ihm nicht wie dem Weimarer Waldhornisten

Adam Andreas Reichardt, der wegen wiederholter Entlassungsgesuche zu einhundert Stockschlägen verurteilt und nach anschließender Flucht in effigie – das heißt: symbolisch – gehängt wird.

Wegen seines wachsenden Rufs kann Bach sich freilich einiges herausnehmen: Der junge Herzog Leopold von Sachsen-Anhalt-Köthen nimmt ihn nicht nur mit Freuden auf, macht ihn vielmehr gleich zum Kapellmeister und verhilft ihm damit zu der äußerlich schönsten Zeit seines Lebens: Mit Hofdiensten offenbar wenig behelligt, kann Bach in den Jahren 1717 bis 1723 ganz seinen kompositorischen Neigungen folgen und wichtige Werkreihen vollenden, die er zum Teil schon in Weimar begonnen hat: die *Brandenburgischen Konzerte,* die Inventionen und Sinfonien für Klavier, das *Wohltemperierte Klavier,* die Suiten für Violine und für Violoncello solo.

Warum wechselt er, wenn es ihm am Köthener Hof so gut gefällt, 1723 als Thomaskantor nach Leipzig? Vielleicht möchte er als gläubiger Christ wieder mehr Kirchenmusik komponieren, vielleicht seinen Söhnen ein Universitätsstudium ermöglichen, vielleicht sein Einkommen mehren, vielleicht von der kulturellen Regsamkeit Leipzigs profitieren! Jedenfalls gelingt ihm an seiner neuen Wirkungsstätte ein weiterer künstlerischer Aufstieg: Er komponiert Kirchenkantaten, Oratorien, Messen und Passionen, welche die Jahrhunderte überdauern werden; zugleich mehrt er seinen Ruf als der bedeutendste Orgelvirtuose und tiefgründigste Kontrapunktiker seiner Zeit.

Wie wir hörten, ist Bach als Leipziger Musikdirektor und Thomaskantor vor allem für die Komposition und Aufführung der Kirchenkantaten verantwortlich, welche an den Sonn- und Festtagen umschichtig in der Thomas- und der Nicolaikirche erklingen. Dafür stehen ihm gelegentlich so tüchtige Musiker wie der Ratstrompeter Johann Gottfried Reiche zur Verfügung; oft genug muss er aber auch mit Musikern vorliebnehmen, die seinen Ansprüchen eigentlich nicht genügen. Und einen »Chor« im modernen Sinne hat er auch nicht zur Verfügung.

Herrschte bis vor einigen Jahren noch die Meinung vor, dass dieser von Stipendiaten der Thomasschule gebildete Chor immerhin zwölf Personen umfasst habe, so sprechen neue Forschungen für ein noch kleineres Ensemble: Bach könnte dazu geneigt haben, jede Stimme nur einzeln, das heißt solistisch, zu besetzen. Das hätte ihn der Notwendigkeit enthoben, sich mit einer größeren Schar von Sängerknaben herumschlagen zu müssen. Dass ein solistischer »Chor« sehr schön klingen kann, zeigen zahlreiche neuere CD-Einspielungen.

Schwierig gestaltet sich das Verhältnis zu den Leipziger Vorgesetzten: Bach kann sich nur schwer in die Kirchen- und Schulhierarchie einordnen, denn er sieht sich mehr als Künstler denn als Beamter. Gelegentlich kommt es zu heftigen Szenen und Drohungen seitens der Mitglieder des Stadtrats, die seinen Starrsinn »brechen« und einmal sogar sein Gehalt »verkümmern« wollen.

Inzwischen ist Johann Sebastian Bach zum zweiten Mal verheiratet: Die erste Frau, Maria Barbara Bach, eine Cousine zweiten Grades, hat ihm sieben Kinder geboren, ehe sie 1720 vom Tod überrascht worden ist; seine zweite Frau, die Köthener Hofsängerin Anna Magdalena Bach, wird ihm weitere dreizehn Kinder schenken. Von den insgesamt zwanzig Söhnen und Töchtern erreichen neun das Erwachsenenalter – eine für die damalige Zeit recht hohe Quote und eine gute Voraussetzung, um über die Jahre hinweg in wechselnden Besetzungen Hausmusik betreiben zu können. In einem der wenigen erhaltenen Privatbriefe kann Bach dem Jugendfreund Georg Erdmann im Jahr 1730 von seinen Kindern berichten: »insgesamt sind sie geborene Musici, und kann versichern, daß ich schon ein Concert vocaliter und instrumentaliter mit meiner Familie formieren kann, zumal da meine itzige Frau gar einen saubern Soprano singet, auch meine älteste Tochter nicht schlimm einschläget.«

Wenngleich er in diesem Fall speziell Frau und Tochter lobt, werden vor allem vier Söhne seinen Namen als Komponisten weitertragen: jeweils zwei aus den beiden Ehen. Wilhelm Friedemann, der Älteste, ist der Liebling des Vaters – genialisch, jedoch beruflich und gesellschaftlich nicht vom Glück begünstigt. Eine glänzende Karriere legt statt seiner der jüngere Bruder Carl Philipp Emanuel hin: Erst Cembalist am Hofe Friedrichs des Großen und später – als Nachfolger seines Patenonkels Georg Philipp Telemann – Leiter der Hamburger Kirchenmusik, überstrahlt er zeitweilig den eigenen Vater an Ruhm: Spricht man in den 80er Jahren des 18. Jahrhunderts von »dem Bach«, so ist Carl Philipp Emanuel gemeint – jedenfalls in Deutschland.

In Italien und England kennt man vor allem seinen Halbbruder Johann Christian, den »Mailänder« oder »Londoner« Bach. Der jüngste der Bach-Söhne gilt als Paradiesvogel unter den vieren, liebt schnelle Erfolge, erlebt aber auch finanzielle Desaster. Er führte ein abenteuerliches Leben. Der Überfall, den Straßenräuber in der Umgebung Londons auf seine und seines Maler-Freundes Thomas Gainsborough Kutsche verüben, wäre seinen Brüdern nicht passiert. Vor Gericht gibt er an, um eine goldene Uhr im Wert von 20 Pfund nebst anderen Schmuckstücken erleichtert worden zu sein, die Gesichter der Täter aber nicht erkannt zu haben.

Von Carl Philipp Emanuel wird Johann Christian nicht geliebt, vielmehr sowohl wegen seines frühen Übertritts zum Katholizismus als auch wegen des sogenannten komischen Stils, den Mozart so bewundert hat, heftig kritisiert. Dafür kann der Hamburger Bach gut mit Johann Christoph Friedrich, seinem anderen Halbbruder. Der gilt wegen seiner ausdauernden Tätigkeit am provinziellen Bückeburger Hof und angesichts einiger subalterner Züge zwar als graue Maus unter den vier Bach-Söhnen, komponiert jedoch so gut, dass die Zeitgenossen einzelne Werke mit denen seiner Brüder verwechseln.

Schließlich sind zwei Enkel zu erwähnen: Johann Sebastian Bach junior, Kind von Carl Philipp Emanuel und als Landschaftsmaler jung in Rom verstorben, sowie Wilhelm Friedrich Ernst, ältester Sohn des Bückeburger Bach und jahrzehntelang als versierter, wenn auch nicht gerade aufregender Komponist und Musiklehrer in Berlin zu Hause. Als Felix Mendelssohn Bartholdy 1843 das Leipziger Denkmal Johann Sebastian Bachs enthüllt, steht dieser Bach-Enkel als würdiger Greis unter den Ehrengästen und geht damit als der letzte Träger seines sprichwörtlich »musikalischen« Namens in die Geschichte ein.

WAS HAT ES MIT JENER »MUSIKALITÄT« auf sich, die man der Bach-Familie zuschreibt? Der Begriff lässt an die berühmte Blackbox denken, in welche man nicht hineinschauen kann. Wer ist musikalisch? Jemand, der Musik liebt? Der sauber singt? Der das absolute Gehör besitzt? Der die *Pathétique* spielt? Der die Großtante durch sein Blockflötenspiel zu Tränen rührt? Der aus dem Kopf *Tristan und Isolde* dirigiert? Der eine Nationalhymne komponiert? Für dies und anderes bedarf es jeweils recht unterschiedlicher Fähigkeiten und Fertigkeiten; und diese liegen ebenso im emotionalen wie im intellektuellen und motorischen Bereich. Kann man sich vorstellen, dass es dafür ein gemeinsames Gen oder einen bestimmten Ort im Gehirn gibt?

Gewiss hat die Schöpfung es so eingerichtet, dass wir mit unterschiedlichen Anlagen auf die Welt kommen; doch ebenso gewiss hat sie im Regelfall einen jeden mit so vielen Gaben ausgestattet, wie wir zum Überleben brauchen. Und weil Musikalität kaum weniger lebensnotwendig ist als Sprache, Gehör oder Gesicht, dürfen wir erst einmal davon ausgehen, dass – fast – jeder Mensch musikalisch ist.

Natürlich gibt es Unterschiede: Die einen sind von Kind auf stärker auf Musik fixiert als die anderen, manche lernen schneller als andere usw. Doch letztlich bringt es kaum mehr, über seine Musikalität nachzudenken, als darüber zu grübeln, ob man zum Maschinenschlosser, zum Tennisspieler, zur Ärztin oder zur Politikerin geeignet ist: Besser ist es, einfach anzufangen und zu sehen, wie weit man kommt! Johann Sebastian Bach hat das nicht anders gehalten: »Musikalisch« war in seiner Umgebung ungefähr jeder; wichtig war, was man daraus machte.

»Sonate – Was willst du mir sagen?« Instrumentalmusik im Generalbasszeitalter

In der von Charles M. Schulz gezeichneten Comic-Serie *Die Peanuts* gibt es neben der Hauptfigur Charlie Brown auch den leidenschaftlichen Klassik-Liebhaber Schroeder und seine Verehrerin Lucy. Als Schroeder eines Tages mit einer neuen Schallplatte von Brahms' *Vierter Sinfonie* daherkommt, fragt Lucy, die auf alles eifersüchtig ist, was nichts mit ihr zu tun hat: »Was machst du damit?« – »Ich gehe nach Hause und höre sie mir an.« – »Du meinst, du tanzt dazu«, hakt Lucy ein und beginnt gleich selbst zu tanzen. – »Nein, ich höre sie mir an!« – »Du meinst, du pfeifst oder singst beim Zuhören?« – »Nein, ich höre zu.« – »Du gehst dabei im Zimmer hin und her?« – »Nein«, raunzt der inzwischen völlig entnervte Schroeder, »ich sitze und höre zu!« – »Das ist das Lächerlichste, was ich je gehört habe!«

Die sinnliche Direktheit, mit der Lucy Musik angeht, kommt bei Schroeder, der übrigens nicht zufällig einen grunddeutschen Namen trägt, nicht gut an. Dabei hat Lucy nicht nur die meisten Hörer von heute, sondern auch die Musikgeschichte auf ihrer Seite. Denn bis vor etwa vierhundert Jahren, einer menschheitsgeschichtlich lächerlich kurzen Zeitspanne, hat man Musik kaum anders gehört als mittels einer Sinngebung, die gleichsam von außen kam: Es waren Texte vorgegeben, auf die sich alle verständigen konnten; es ging um Rituale und Geselligkeiten, und man tanzte zur Musik.

Ähnlich wie Schroeder Musik »einfach so« zu hören und gar für einen bestimmten Sinfoniker wie Beethoven oder Brahms zu schwärmen – das ist neu. Der bedeutende Ethnologe, Mythen-Forscher und Philosoph Claude Lévi-Strauss (gesprochen: Lévi-S'troß) war von diesem »Neuen« so fasziniert, dass er die These formuliert hat: Als die Europäer – ungefähr seit 1600 – nicht mehr so richtig an die Dogmen und Überlieferungen der Kirche glaubten, schafften sie sich als Ersatz die Kunstmusik an. An ihr konnte man sich einerseits ebenso begeistern wie an einer Religion, andererseits durfte man sich als Hörer denken, was man wollte. Und solche Freiheit des Hörens, die vor allem bei »reiner« Instrumentalmusik Triumphe feierte, entsprach neuzeitlich aufgeklärtem Geist.

Ihre ersten großen Formen »leiht« sich die um 1600 aufkommende instrumentale Kunstmusik bei der Vokalmusik; und am deutlichsten lässt sich dies an der Gattung des Konzerts ablesen. Wie wir sahen, ist das Konzert ursprünglich eine vokale Gattung. Doch bald merken Komponisten und Hörer, wie schön die Musik auch an sich – also ohne Text – klingt. Da liegt es nahe, entsprechende Werke von vornherein ohne Text zu komponieren. Und »natürlich« geschieht das wiederum zu einem frühen Zeitpunkt in Venedig. Dort startet Giovanni Gabrieli, Organist in San Marco und mit den örtlichen Verhältnissen bestens vertraut, im Jahre 1597 einen Versuchsballon: Einer neuen Druckausgabe von mehrchörigen Vokalkonzerten gibt er einige Instrumentalkonzerte bei, darunter die berühmte Sonate *Pian e forte*. Die Bezeichnung »Sonate« muss in diesem Zusammenhang nicht verwirren: Man wusste anfänglich nicht recht, wie man die neuen Instrumentalstücke überhaupt nennen sollte, und versuchte es auch mit dem Vorschlag »Sonate«, also »Klangstück«. (Später bleibt diese Bezeichnung Instrumentalwerken mit kleiner Besetzung vorbehalten.)

Warum trägt Gabrielis Musterstück die Bezeichnung *Pian e forte*? Ist nicht jede Musik einmal leise, einmal laut? Augenscheinlich versteht der Komponist den Titel als Eselsbrücke: Er signalisiert, dass sein Werk immerhin ein klar herauszuhörendes Thema habe, nämlich den stetigen Wechsel zwischen einem »lauten« Instrumentenchor und seinem »leisen« Echo. Insofern behandelt er die in reiner Instrumentalmusik noch unerfahrenen Hörer gleichsam wie Grundschüler, denen die Lehrerin sagt: »Hört genau zu: Wo ist die Musik laut, und wo wird sie leise?«

Gabrieli weiß, warum er so behutsam vorgeht: Noch fast einhundert Jahre später wird der hoch angesehene französische Kulturphilosoph Fontenelle spotten: »Sonate, que me veux-tu?« – »Sonate, was willst du mir sagen?«, und damit einer Skepsis Ausdruck geben, die im Grunde genommen bis in die Gegenwart anhält. Während die ältere Vokalmusik mittels ihrer Texte garantiert hatte, dass sich jeder »irgendwie« mit ihr befassen konnte, sorgt die neu aufkommende Instrumentalmusik dafür, dass die einen sich zu Spezialisten mausern, während die anderen unverblümt behaupten dürfen, von Musik nichts zu verstehen. Bis heute kann man sich dabei auf den Philosophen Immanuel Kant berufen, der noch im Zeitalter von Haydn und Mozart die Instrumentalmusik mit Tapetenmustern oder schön gearbeiteten Bilderrahmen verglich.

Doch wie skeptisch manche Menschen auch der instrumentalen Kunstmusik begegnen – deren Siegeszug über die ganze Welt war nicht aufzuhalten. Und zur Erklärung soll noch einmal Lévi-Strauss mit seiner Auffassung das Wort bekommen, *jeder* Mensch verfüge über angeborene »Begabungen« für so komplizierte Strukturen, wie sie nach seiner Meinung den vier universellen Systemen von Sprache, Mathematik, Mythos und kunstvoller Musik zugrunde liegen. Und man darf listig fragen, was denn nun dem Menschen vorgegeben und was sozial erlernt sei: die *Begabung* für Mathematik und kunstvolle Musik oder die *Angst* davor?

Wir lassen die Antwort offen und schauen stattdessen auf die Strategien, mit denen die Komponisten versuchen, das Image ihrer Instrumentalmusik aufzubessern. *Einerseits* verlieben sie sich in ihre eigenen Systeme und möchten diese – sozusagen »ohne Rücksicht auf Verluste« – möglichst stimmig und logisch erscheinen lassen. Exemplarisch ist die Entwicklung, die das generalbassbegleitete Instrumentalkonzert bis hin zu Johann Sebastian Bach nimmt: Innerhalb von vier Generationen werden die nach unseren Maßstäben recht eingängigen Werke Gabrielis von den *Brandenburgischen Konzerten* abgelöst – Meisterstücken an Tiefsinn und struktureller Durchdachtheit.

Andererseits nehmen die Komponisten – darin macht auch Bach keine Ausnahme – weiterhin Rücksicht auf den Erwartungshorizont des Publikums. Anknüpfend an Gabrielis Prinzip »leise – laut« schreibt man Konzertsätze in übersichtlicher Ritornell-Form. Darüber hinaus gestalten manche Komponisten ihre Konzertsätze als spannende Prozesse mit dynamischem Höhepunkt; das gilt zum Beispiel für den Kopfsatz von Bachs 5. *Brandenburgischem Konzert*. Gern stellt man dem »Tutti« einen oder mehrere Solisten gegenüber: Wie elegante Florettfechter kreuzen sie ihre Klingen – im Wettbewerb um den höchsten Grad an Virtuosität; oder sie »flirten« einzeln mit dem Orchester. Schließlich laden spezielle Überschriften dazu ein, beim Hören bestimmte »Programme« zu assoziieren, also bei einem Konzert mit dem Titel *La chasse* an eine Jagd zu denken. Die schon erwähnten Violinkonzerte Vivaldis, *Die vier Jahreszeiten*, wären ohne diese Überschrift und ohne ihr programmatisches Eingehen auf die Merkmale von Frühling, Sommer, Herbst und Winter gewiss weniger berühmt geworden.

Vivaldi hat übrigens Konzerte für alle nur denkbaren Soloinstrumente geschrieben. Dass jedoch seine Violinkonzerte besonders bekannt geworden sind, lässt sich nicht zuletzt damit erklären, dass er selbst ein phantastischer Geiger war. Einer der vielen zeitgenössischen Verehrer Vivaldi'scher Geigenkünste war der Frankfurter Patrizier Johann Friedrich von Uffenbach. Als dieser auf einer seiner Musikreisen, die ihn durch ganz Europa führten, während des Karnevals des Jahres 1715 in Venedig weilte und an einer Opernaufführung teilnahm, bekam er mit, wie der Veranstalter seinen Zuhörern am Schluss noch einen besonderen Nachtisch servierte – einen Auftritt Vivaldis als Geiger. In seinen Tagebüchern äußert von Uffenbach sich geradezu erschrocken über das Spiel des Maestros: »denn er kahm mit den Fingern nur einen Strohhalm breit an den Steg daß der bogen keinen plaz hatte, und das auf allen 4 saiten mit Fugen und einer geschwindigkeit die unglaublich ist.«

Da wird deutlich, wie man damals dem Publikum im Bereich der »reinen« Instrumentalmusik am besten imponierte: am Ende eines Opernabends und mit viel virtuoser Hexerei. Unter solchen Bedingungen kann selbst das polyphone und mehrgriffige Spiel – Uffenbach spricht etwas übertreibend von »Fugen« – zur Sensation werden.

Und wo schon einmal von der Fuge die Rede ist: Ähnlich wie das Konzert ist auch die instrumentale Fuge aus einer vokalen Gattung hervorgegangen, nämlich aus derjenigen der Motette. Seitdem die Kirchenmusik von einem Generalbass begleitet wird, bedarf sie des Organisten, der ihn realisieren muss. Und während der Mann an der Orgel den Chor bei dessen traditionellem Motettengesang begleitet, der ja neben den modernen geistlichen Konzerten weiterbesteht, brechen seine Gedanken aus: »Was wäre, wenn ich diese polyphone Musik in modifizierter Form von vornherein für Orgel oder Cembalo komponieren und aufführen würde?« Was dabei herauskommt, läuft im Bach-Zeitalter vor allem unter der Bezeichnung »Fuge«, hat ursprünglich jedoch auch andere Namen, zum Beispiel »Ricercar« oder »Fantasie«.

Eine besonders originelle Gattung des 17. Jahrhunderts ist die Toccata für Orgel oder Klavier: In ihr wechseln Teile, die nach Art der Fuge konstruiert sind, mit anderen ab, die aus raschen Läufen, gebrochenen Dreiklängen oder gemessenen Akkordfortschreitungen bestehen und wie improvisiert erscheinen. Mit dieser Stilmischung will der Organist zeigen, dass er beides beherrscht: den gelehrten Kontrapunkt *und* das nach alter Spielmannstradition selbstsicher in die Tasten gehauene Spiel. Natürlich berücksichtigt eine solche Mischung auch die Wünsche des Publikums: Dieses besteht zum einen aus Kennern, die eine schwierige Fuge zu schätzen wissen, zum anderen aus Liebhabern, die sich an virtuosem Geklingel freuen. Salopp ausgedrückt: Klappern gehört zwar zum Handwerk, darf aber nicht an der Solidität des Spielers zweifeln lassen.

Im regulären Gottesdienst konnte man ausführliche Toccaten kaum aufführen. Wo es dennoch geschieht, übt eine argwöhnische Geistlichkeit manchmal herbe Kritik. So schreibt zum Beispiel im Jahr 1667 der Rostocker Theologe Theophil Großgebauer in einer Streitschrift mit dem drohenden Titel *Wächterstimme aus dem verwüsteten Zion*: »Da sitzet der Organist, spielet und zeiget seine Kunst: daß eines Menschen Kunst gezeiget werde, soll die gantze Gemeine Jesu Christi da sitzen, und hören den Schall der Pfeiffen. Darüber wird die Gemeine schläfferig und faul: etliche schlaffen; etliche schwatzen; etliche sehen, dahin sichs nicht gebühret.«

Die Organisten lassen sich nicht kleinkriegen, weichen jedoch auf außergottesdienstliche Veranstaltungen aus: Dietrich Buxtehude sucht sich sein zahlendes Publikum unter den Lübecker Kaufleuten, die zur Börse und danach noch auf einen Sprung in die Marienkirche kommen. Später veranstaltet der Lübecker Meister opulente vokal-instrumentale »Abendmusiken«, in denen man Vorläufer des öffentlichen Konzerts sehen darf. Da singt übrigens kein großer »Kirchenchor«; vielmehr arbeitet Buxtehude vor allem mit Solisten. Weil aber Schuljungen den schweren Partien oft nicht gewachsen und Sängerinnen in den Lübecker Kirchen nicht geduldet sind, übernimmt jahrelang Ratsmusiker Hans Iwe die Sopran-Partien: Er schafft sie mit der Kopfstimme.

Doch zurück zur Organistenkunst. Johann Sebastian Bach, der – wie erwähnt – schon in seiner Jugend ein Orgelvirtuose werden wollte und später tatsächlich zum wohl gefeiertsten Orgelspieler seiner Zeit aufgestiegen ist, schreibt in jüngeren Jahren eine ganze Anzahl von Klavier- und Orgeltoccaten – darunter die berühmte d-Moll-Toccata für Orgel. (Indessen will es die Ironie der Geschichte, dass einige Kenner ausgerechnet dieses nur abschriftlich erhaltene Werk in seiner Echtheit anzweifeln. Doch wer sonst sollte es komponiert haben?)

Nicht zu leugnen ist allerdings, dass Bach der populären Stilmischung, wie sie der d-Moll-Toccata eigen ist, je länger je mehr eine Absage erteilt: Auch in der Klavier- und Orgelmusik wünscht er sich bei aller Phantastik vor allem Ordnung und Folgerichtigkeit. Wie das zu verstehen ist, demonstriert er nicht zuletzt in seinem *Wohltemperierten Klavier*, einer Sammlung von 24 Präludien und 24 Fugen – je eine für jede der 12 Dur- und Molltonarten der chromatischen Skala. Dort sind Präludium und Fuge jeweils strikt voneinander getrennt, und jedes könnte auch für sich bestehen. Zudem sind die einzelnen Stücke weitaus kunstvoller ausgearbeitet, als man es bis dahin kennt, und sicherlich ist der ganze Zyklus nicht für ein breites Publikum und den öffentlichen Vortrag gedacht. Vielmehr will Bach seinen Schülern – natürlich auch seinen eigenen Söhnen – demonstrieren, in welcher Fülle und Vielfalt sich Präludien und Fugen komponieren lassen.

In diesem Sinne ist das *Wohltemperierte Klavier* ein enzyklopädisches Lehrwerk. Und wir dürfen annehmen, dass Bach seine Schüler für jedes einzelne Stück, das sie unter seiner Leitung studieren durften, bezahlen ließ. Das *Wohltemperierte Klavier* ist jedoch mehr: eine klingende Philosophie der Musik für Tasteninstrumente und deren Möglichkeiten.

In späten Jahren hat Bach noch einen weiteren Schritt getan und zum Beispiel mit der *Kunst der Fuge* einen Fugen-Zyklus geschaffen, der anders als das *Wohltemperierte Klavier* nicht die Einheit in der Vielfalt, sondern die Vielfalt in der Einheit betont: Alle

19 erhaltenen Stücke dieses Zyklus sind über dasselbe Thema komponiert. Damit demonstriert Bach – wie vor ihm die mittelalterlichen Komponisten – ein Grundprinzip der Schöpfung: Auch in der Musik entstehen die kunstvollsten Gestalten aus den einfachsten Elementen.

Dass Bach mit seiner *Kunst der Fuge* freilich nicht nur den Schöpferwillen zum Ausdruck bringt, sondern auch seine eigene Kunstfertigkeit beweist, zeigt das unvollendete neunzehnte Stück, mit dem der Zyklus abbricht: Da führt er als neues Thema die Tonfolge B-A-C-H ein – als wäre es sein Markenzeichen, das wenigstens gegen Ende einmal auftauchen soll.

Zwei wichtige instrumentale Gattungen wurden noch nicht genannt: Suite und Sonate. »Suite« heißt »Folge«, und komponierte Suiten sind stilisierte Abfolgen von Tänzen. Wenn es um Orchestersuiten geht, haben vor allem die Adelshöfe Bedarf: Der Hofstaat will nicht immer selbst tanzen; manchmal findet er es bequemer, sich etwas vom Ballett vortanzen und vom Orchester vorspielen zu lassen. Vergleichbare Funktionen erfüllt die Suite im häuslichen Bereich: Wer Klavier oder Laute spielt, hat Spaß daran, jeweils aktuelle Tänze einzustudieren. Demgemäß ist die Klaviersuite anfänglich bunt wie ein Blumenstrauß; doch schon zur Zeit von Johann Jacob Froberger verliert sie den Charakter einer Aktualitätenshow: Man »einigt« sich – in der Rückschau ist kaum nachzuvollziehen, wie dergleichen praktisch funktioniert hat – auf die Standardfolge: Allemande, Courante, Sarabande, Gigue. Abweichungen und Einschübe sind zur Auflockerung des strengen Schemas allerdings gern gesehen – man lebt ja nicht mehr unter der Herrschaft der alten chinesischen Musikmeister!

Schließlich die Sonate: Was bei dem Venetianer Gabrieli um 1600 nichts anderes als »Klangstück« bedeutete und auch »Konzert« hätte heißen können, entwickelt sich im späteren 17. Jahrhundert zu einer profilierten kammermusikalischen Gattung.

Komponisten wie Corelli, Vivaldi, Händel, Bach und Telemann schreiben Triosonaten für zwei Melodieinstrumente und Generalbassbegleitung sowie Sonaten für ein Soloinstrument mit und ohne Begleitung.

Die Klaviersonate tut sich zunächst etwas schwerer. Von Anfang an Furore machen jedoch die einsätzigen Sonaten Domenico Scarlattis, eines von seinen Zeitgenossen zärtlich »Mimmo« genannten Cembalisten am Hof zu Madrid, wo ihm freilich der Kastrat Farinelli immer wieder die Show stiehlt. Zwischen 1742 und 1757 lässt sich die spanische Königin 15 Prachtbände mit Kopien von 496 seiner Sonaten anfertigen.

NOCH DEUTLICHER ALS DIE MOTETTE belegen die großen Gattungen der Instrumentalmusik die ungeheure Eigendynamik der europäischen Kunstmusik. In einem Zeitraum von weniger als 150 Jahren wird aus einer einfachen Sonate *Pian e forte* ein *Concerto grosso* von Händel oder aus einer Sammlung vergleichsweise schlichter Ricercars das *Wohltemperierte Klavier*. Gemeinsam errichten die Komponisten des Generalbasszeitalters einen imposanten Musikbau, in den alsbald Haydn, Mozart und Beethoven einziehen werden – ohne es im Geringsten an Wertschätzung für Baumeister wie Händel und Bach fehlen zu lassen. Insgesamt verläuft die skizzierte geschichtliche Entwicklung zwischen etwa 1600 und 1750 weit stürmischer als in Dichtung und bildender Kunst. Die Italiener gehen voran, die Deutschen halten zunächst nur mühsam Schritt. Doch dann stellen sie dem sinnlichen Zauber italienischer Musik ihre eigenen konstruktiven Fähigkeiten entgegen. Schroeder gegen Lucy! Oder Schroeder mit Lucy?

Kantilenen und Kastraten
Die Oper von Monteverdi bis Händel

Einerseits: Was wäre eine Oper ohne ihren Komponisten! Und andererseits: Was wäre sie ohne Kulissenzauber und jene Witterung von Puder, Schminke und Kostümen; ohne eitle Tenöre und hysterische Primadonnen; ohne Intrigen, Skandale und Bankrotte. Das alles sind keine lästigen Begleiterscheinungen, sondern Dinge, die unbedingt dazugehören. Denn augenscheinlich lieben Menschen die Verbindung beider Welten: der spirituellen Klang-Welt und der Dschungel-Welt der Lüste, des Klatsches und der Eifersüchteleien. Und davon abgesehen, ist das Totalerlebnis »Oper« tief im Unbewussten verankert: als Wunsch, aus Normalität und Alltag auszubrechen und sich mit allen Sinnen dem ganz Anderen hinzugeben.

»Wir bringen die Indianer«, sagt der ältere Missionar in Werner Herzogs Film *Fitzcarraldo,* »einfach nicht von der Vorstellung weg, dass unser gewöhnliches Leben nur eine Illusion darstellt, hinter der sich die Realität der Träume versteckt.« – »Das interessiert mich«, unterbricht ihn fast ungeduldig Fitcarraldo, der mit der »Wahnsinns«-Idee unterwegs ist, mitten im peruanischen Urwald ein Opernhaus zu errichten und den weltberühmten Tenor Caruso dort Verdi-Arien singen zu lassen: »Wissen Sie, ich bin ein Mann der Oper!«

Kein Wunder, dass es schon bei den Stars der frühen Oper kaum Normalität gibt. Exemplarisch ist das Leben der legendären französischen Sängerin Julie de Maupin. Jean Benjamin de Laborde, Kammerdiener des französischen Königs Ludwig XV., hat ihre Geschichte aufgezeichnet. Ihm zufolge wird die Sängerin 1673 als Tochter des Herrn von Aubigny geboren, eines Sekretärs des Grafen Armagnac. Kurz nach ihrer Verheiratung mit Herrn Maupin aus St. Germain en Laye verliebt sie sich in ihren Fechtlehrer. Sie flieht mit ihm nach Marseille und tritt aus Not in die dortige Oper ein. Ohne das andere Geschlecht zu verachten, ist sie auch dem eigenen nicht abgeneigt und verführt eine junge Marseillerin, die man daraufhin in ein Kloster steckt. Alsbald lässt sich die Maupin dort ebenfalls als Novizin aufnehmen.

Nach einiger Zeit stirbt eine der Nonnen und wird beerdigt. Die Maupin gräbt sie aus, legt sie ins Bett ihrer Freundin, entzündet ein Feuer und entführt im Trubel die Geliebte. Sie wird gefasst, zum Feuertod verurteilt und begnadigt. Gerade zweiundzwanzigjährig, findet sie den Weg an die Pariser Oper, debütiert als Pallas in der Oper *Cadmus et Hermione* des Hofkapellmeisters Lully und wird bald zum Star des Ensembles. Sie bekommt Streit mit ihrem Kollegen Duménil und verkleidet sich als Mann, um sich mit ihm duellieren zu können. Als er dennoch ablehnt, verprügelt sie ihn und nimmt ihm Uhr nebst Tabaksdose. Am nächsten Morgen protzt Duménil damit, er habe sich dreier Räuber erwehren müssen, sie aber präsentiert ihre Beutestücke und stellt ihn auf diese Weise bloß. Bald darauf wird die Maupin Mätresse des Kurfürsten von Bayern, der sie jedoch zugunsten der Gräfin Arco aufgibt, ihr allerdings als Entschädigung 40 000 Livres überbringen lässt – ausgerechnet durch den Mann seiner neuen Mätresse. Dem wirft sie das Geld an den Kopf und kehrt an die Oper in Paris zurück, wo sie etwa vierunddreißigjährig stirbt.

Wir können den Bericht Labordes, der zu seiner Zeit immerhin als Direktor des Louvre, als Komponist und als Musikhistoriker Ansehen genoss, ehe er 1794 unter der Guillotine endete, nicht im Einzelnen nachprüfen. Doch sicherlich beleuchtet Madame Maupins abenteuerliches Leben, über das eine Novelle geschrieben und neuerdings auch ein Film gedreht wurde, das Phänomen »Oper« besser als manche trockene Abhandlung.

Bunt geht es bereits bei der Entstehung der Gattung um 1600

zu. In gängigen Musikgeschichten ist zu lesen, die frühe Oper sei das Projekt von Florentiner Gelehrten und Musikern gewesen, die das antike Drama hätten wieder beleben wollen. Diese Darstellung ist in ihrer Einseitigkeit jedoch geradezu falsch: Zwar sind die frühen Florentiner »Opern«-Versuche in der Tat letzte Ausläufer jener Renaissance-Kunst, die sich erklärtermaßen an der Antike orientierte. Jedoch ist fast allen Beteiligten von vornherein klar, dass das antike Drama nichts mit jener Gesangskunst zu tun hat, die nunmehr unter der Bezeichnung »Monodie« im Musiktheater gepflegt werden soll.

Zudem hegen damals nur wenige Puristen die Illusion, man könne ein breiteres Publikum mit dieser »Monodie« zufriedenstellen – also mit solistisch-dramatischem Wechselgesang zu Generalbassbegleitung. Schließlich gibt es bereits viel interessantere musikalische Bühnenspektakel – zum Beispiel die »Intermedien«, ursprünglich Pausenfüller im Sprechtheater, die sich jedoch um 1600 zu einer höchst beliebten Gattung des Musiktheaters gemausert haben. Als solche präsentieren sie den Zuschauern einen bunten Strauß von mythologischer Handlung, Choreographie sowie solistischem und chorischem Gesang mit Instrumentalbegleitung.

Als die Komponisten ihre wachsende Fähigkeit, eine autonom-musikalische »Sprache« zu entwickeln, auch auf das Musiktheater anwenden wollen, gerät dieses in eine produktive Krise und muss sich fragen: »Wo soll es hingehen?« Zwei unterschiedliche, freilich einander vielfach kreuzende Wege zeichnen sich ab. Der eine führt zum musikalischen Drama und ist mit den Namen Monteverdi, Gluck, Wagner – auch Verdi – verbunden. Hier ist das oberste Ziel, die »Botschaft« eines Dramas zu vermitteln. Dabei sind Musik und Gesang zwar unverzichtbar, weil sie die Hörer mehr anzurühren und bei ihren Gefühlen zu packen vermögen als bloß gesprochene Sprache; gleichwohl haben sie sich in den Dienst des Dramas zu stellen.

Der andere Weg führt zu einer Oper, die sich vor allem als Ohren- und Augenschmaus versteht: Es geht um schöne Stimmen und prächtige Ausstattung. Üppigster Beleg ist die italienische Oper des Hochbarock mit Georg Friedrich Händel als Gipfelpunkt. Zwar werden manche Leute böse, wenn man Händel in einen Topf mit den Hunderten von barocken Opernkomponisten wirft, für die ein Opernauftrag kaum mehr als der Anlass ist, ein bis zwei Dutzend zündender Arien und Duette zu liefern. Jedoch geht Händel formal gesehen kaum anders vor. Er überragt seine Kollegen lediglich an kompositorisch-musikdramatischem Vermögen.

Gibt es nichts dazwischen – Opern mit einer bedeutungsvollen Handlung u n d einer Musik, die in jedem Augenblick auch ganz aus sich heraus besteht und »nur« schön oder wahr ist? Hier ist allen voran Mozart zu nennen; doch auch der große Mozart-Verehrer Richard Strauss, Georges Bizet mit seiner Carmen und Giacomo Puccini tauchen am Horizont auf. Überhaupt stellen alle bis heute im Repertoire lebendigen Opern den jeweils unverwechselbaren Kompromiss innerhalb einer Gattung dar, die Oskar Bie – Autor einer fast hundert Jahre alten, aber immer noch amüsant zu lesenden Operngeschichte – »ein unmögliches Kunstwerk« genannt hat.

Das erste Genie dieses »unmöglichen Kunstwerks« ist Claudio Monteverdi, schon mit vierzehn Jahren kompositorisch tätig und seit 1613 Musikdirektor an San Marco – die wohl bedeutendste Stellung, welche Italien damals anzubieten hat. Vor seiner Berufung haben die venezianischen Gesandten und Agenten in allen größeren Städten Europas Erkundigungen eingeholt, wer wohl als bedeutendste Musikerpersönlichkeit der Zeit gelten dürfe; und daraufhin ist die Wahl auf ihn gefallen. Den *Orfeo*, d a s aus der Frühzeit der Operngeschichte herausragende Werk, hat er schon vorher komponiert – nämlich für eine konzertante Aufführung am Hof zu Mantua im Karneval 1607.

Mit dem *Orfeo* hat Monteverdi ein Werk geschaffen, an dem die Opernforscherin Silke Leopold die »perfekte Synthese von Text, Handlung, Szene, Gesang, Tanz und Instrumentalmusik« rühmt. Wie eins ins andere greift, erweist nicht zuletzt die Instrumentierung, welche bei aller Farbigkeit klare Ordnungen zeigt. So wird die Hauptperson Orpheus von Streichern »begleitet«; hingegen ist die Harfe seiner Gattin Eurydike zugeordnet. Blockflöten charakterisieren die naturnahen Hirten und Nymphen, während die grausige Unterwelt, welcher Orpheus die Gattin kraft seines Gesangs vorübergehend zu entreißen vermag, durch Zinken, Posaunen und die schnarrenden Klänge des Regals – einer tragbaren Orgel mit Zungenpfeifen – gekennzeichnet ist.

Eigentlich steckt die Gattung Oper, die es damals dem Namen nach noch gar nicht gibt, im Jahre 1607 erst in den Kinderschuhen. Doch gelegentlich lässt die Geschichte große Einzelne etwas zustande bringen, was es noch gar nicht geben dürfte. In diesem Sinne ist die Verbindung von Phantasiereichtum, sinnlicher Fülle und ordnender Kraft, wie wir sie in Monteverdis *Orfeo* antreffen, ein Glücksfall der Operngeschichte – den berühmten Gemälden des 16. und 17. Jahrhunderts vergleichbar, die ihrerseits bis heute unübertroffen dastehen.

Das erste kommerzielle Opernunternehmen, das 1637 in Venedig im Teatro S. Cassiano seine Pforten öffnet, kann da nicht ohne Weiteres mithalten: Zu stark sind die Zwänge, wirtschaftlich denken und sich gegenüber ständiger Konkurrenz behaupten zu müssen. Verkürzt gesprochen, zeigt sich ein sehr modern anmutender Trend – derjenige zum Star-Kult. Die besten Geschäfte macht man nämlich nicht unbedingt mit der besten Musik, sondern mit exzellenten Sängerinnen und Sängern, die vom Publikum vordergründig wie Naturwunder bestaunt und unterschwellig wie zu neuem Leben erwachte Orpheus-Gestalten verehrt werden. Bis ins 19. Jahrhundert hinein stammen sie vornehmlich aus Italien, wie überhaupt die italienischsprachige Oper noch zu Zeiten Richard Wagners das Maß aller Dinge ist.

Gesangsvirtuosen brauchen Bravourstücke; und die erhalten sie in Gestalt von Da-capo-Arien – einer Form, die man damals gleichsam ihnen zuliebe erfindet. Da-capo-Arien leben von ihrer suggestiven Dreiteiligkeit: Die textlich-musikalische Devise des A-Teils soll den Hörern vom ersten Ton an das Gefühl geben, an einer imposanten Selbstdarstellung des Sängers teilzunehmen; ein kontrastierender B-Teil gleicht dann einem Abstecher in fremde Gefilde. Höchste Befriedigung bereitet schließlich die Wiederholung des A-Teils: Man kommt wieder heim, hat jetzt aber alle Voraussetzungen, um die neuerlichen Eskapaden des Sängers beurteilen zu können: Dieser geht nämlich von der »Pflicht« zur »Kür« über, indem er den Anfangsteil der Arie mit noch reicherer Verzierung wiederholt.

Dass man auf der Grundlage dieser standardisierten Form wunderbare, sogar musikdramatisch bedeutsame Musik komponieren kann, zeigen, wie schon angedeutet, die Bühnenwerke Händels. Doch auch Händel fügt sich mehr oder weniger selbstverständlich den herrschenden ökonomischen Bedingungen seiner Zeit. London ist die Stadt, in der er seine eigenen Opernunternehmungen realisiert. Dort will man es seit Beginn des 18. Jahrhunderts den anderen europäischen Musikzentren in der Pflege der italienischen Oper gleichtun, verpflichtet renommierte Gesangstars und gründet kommerzielle Unternehmen. So verbirgt sich hinter der »Royal Academy of Music«, in deren Auftrag Händel seit 1719 in ganz Europa Sängerinnen und Sänger rekrutiert, eine regelrechte Aktiengesellschaft, die eine Dividende von 25 Prozent verspricht, alsbald überzeichnet ist – und nach wenigen Jahren Konkurs erklären muss.

Händel mischt mit, geht seinerseits mehrfach bankrott, ist gleichwohl für viele Jahre das anerkannte Haupt der italienischen Opernszene in London und Komponist so wirkungsmächtiger

Werke wie *Julius Caesar* oder *Xerxes* (Originaltitel: *Giulio Cesare* bzw. *Serse*).

Legendär sind seine derben Auseinandersetzungen mit Gesangssolisten: Als sich die begehrte Sopranistin Francesca Cuzzoni sträubt, die Auftrittsarie *Falsa immagine* aus *Ottone* zu singen, weil deren grüblerisch klagender Ton sie an der Vorführung ihrer Kehlfertigkeit hindere, schwört Händel, sie bei anhaltender Verweigerung aus dem Fenster zu werfen.

Den gefeierten Kastraten Senesino wirbt er aus Dresden ab, wo selbiger zuvor eine Jahresgage von 7000 Talern erhalten hat. Das liegt weit über den 400 Talern, die Johann Sebastian Bach zur gleichen Zeit als immerhin angesehener Köthener Hofkapellmeister verdient. Doch Kastraten sind Raritäten, um die sich Höfe wie kommerzielle Operngesellschaften reißen.

Warum ist man allerorts so begeistert, wenn der aufgrund seiner Kastration hoch aufgeschossene Senesino die Titelrolle in *Julius Caesar* in der Stimmlage eines Mezzosoprans oder Alts singt? Sicherlich spielt der Reiz des Abnormen eine wichtige Rolle. Die Rede ist von Sängern, die im Knabenalter durch ihre Stimmbegabung aufgefallen und deshalb kastriert, das heißt an der Ausbildung ihrer männlichen Geschlechtsmerkmale gehindert worden sind. Dergestalt Verstümmelte behalten lebenslang ihre helle Stimme, verfügen aber zugleich über die Brustresonanz von Erwachsenen. Der berühmte Sopran Farinelli konnte über drei Oktaven mit größter Beweglichkeit, Fülle und Samtigkeit von einer zur nächsten Lage wechseln. Zeitgenossen berichten, dass die Stimme von Kastraten geradezu physisch in sie eingedrungen sei und sie in einen Taumel der Sinne versetzt habe. »One God, one Farinelli« – so sollen Frauen damals gejubelt haben.

Wer heute die Stimme des seinerzeit letzten Kastraten auf einer inzwischen digitalisierten Schallplattenaufnahme aus dem Jahr 1902 hört, dürfte von den scheppernden Klängen ein wenig enttäuscht sein. Interessant ist dieser Alessandro Moreschi aus einem ganz anderen Grund: Sein Status als Sänger der päpstlichen Kapelle erinnert nämlich an die Anfänge des Kastratentums: Zuerst waren es die geschmäcklerischen Päpste des 16. Jahrhunderts, die in ihrer Cappella Sistina lieber Kastraten- als Knabenstimmen hören wollten. Zum höheren Lobe Gottes, so ihre Argumentation, dürfe die Moral einmal zurückgestellt werden.

DAS ALTE THEMA »KUNST UND KOMMERZ« erscheint angesichts des Phänomens »Oper« besonders spannend. Trotz eines genialen Protagonisten wie Monteverdi dümpelt die Gattung so lange vor sich hin, bis ein kommerzielles Unternehmen, die venezianische Oper, das Steuer herumreißt: Künftig soll es nicht mehr um den Ideengehalt eines musikalischen Dramas, sondern um sensationelle Gesangsleistungen und tolle Ausstattung gehen. Und schon funktioniert das Ganze – mit allen Höhen und Tiefen des Geschäftslebens.

Dergleichen hat, seit es Oper gibt, zu berechtigten Klagen über die Äußerlichkeit des Kunstbetriebs geführt. Auf der anderen Seite hat die Gattung, wie sie nun einmal ist, über Jahrhunderte hinweg als Basis für ernsthafte und zugleich publikumswirksame musikdramatische Konzepte gedient. Man denke nur an Komponisten wie Gluck, Mozart, Verdi, Wagner, Bizet, Strauss, Alban Berg! Die Oper – ein »unmögliches Kunstwerk«, das doch viel Aufregend-Schönes möglich macht!

»... Musik für aller Gattung Leute – ausgenommen für lange Ohren« Mozart als Opernkomponist

Wien, Frühjahr 1786: Im Burgtheater finden die Proben zu Mozarts Oper *Die Hochzeit des Figaro* statt. Michael Kelly, ein mit dem Komponisten befreundeter Sänger, wird sich später erinnern, dass Mozart bei der Generalprobe in karmesinrotem Mantel und mit Tressenhut bekleidet auf der Bühne gestanden und das Tempo angegeben habe. Nach der Arie *Non più andrai*, mit der Figaro dem von allen Frauen verhätschelten Pagen Cherubino Angst vor den Strapazen des ihm drohenden Militärs macht, hätten sich Sänger und Orchestermusiker vor Begeisterung nicht mehr halten können: »Ganz außer sich vor Entzücken rief alles ›Bravo! Bravo, Maestro! Viva! Viva! Grande Mozart!‹«

Wer selbst Künstler ist, kann sich gut vorstellen, dass solche Situationen die eigentlichen Glücksmomente im Leben Mozarts gewesen sind – und nicht ein Empfang beim Kaiser oder eine gelungene Premiere. Natürlich will ein Komponist auch äußeren Erfolg haben und Geld verdienen. Vor allem aber möchte er verstanden werden. Und wenn es um ein so wichtiges Opus wie *Die Hochzeit des Figaro* geht, genügt es nicht, dass ihm ein Kaiser wohlwollend auf die Schulter klopft und »brav, brav« ruft. Eine erfreuliche Abendkasse hilft da ebenfalls nicht weiter. Der Künstler wünscht sich vielmehr Menschen, die sich mit ihm über ein Werk freuen, für das er über Monate hinweg sein Leben gegeben hat, und sich vor Glück über diese neue Schöpfung nicht lassen können.

In einer solchen Opernschöpfung müssen nicht unbedingt tiefernste Dinge zur Sprache kommen – auch Gottes Schöpfung hat ja unendlich viel Spielerisches zu bieten. Speziell an Mozart fasziniert, dass er sein Handwerk zwar vollendet beherrscht, dies aber nicht eigens vorführen muss. Eher gleicht er einem Jongleur, dessen Person wir vergessen, sobald er seine Bälle oder Untertassen durch die Luft fliegen lässt: Dann staunen wir nur noch, wie »spielerisch« die Schwerkraft überwunden wird.

Sein Spieltrieb verlässt Mozart zu keiner Zeit. Während einer der ersten Aufführungen der *Zauberflöte* verspürt er Lust, einen der Sänger zu foppen: den Theaterdirektor Schikaneder, der höchstpersönlich den Papageno gibt. In dieser Rolle hat er ein Glockenspiel zu bedienen. Dessen Töne kommen freilich aus der Kulisse, wo sich ein Musiker verborgen hält. Spieler und Sänger müssen also darauf achten, dass sie synchron agieren.

An jenem Abend – es ist der 8. Oktober 1791 – setzt sich Mozart selbst ans Glockenspiel und inszeniert ein kleines Verwirrspiel: Als Schikaneder seinen Auftritt hat, hält sich Mozart nicht an den Notentext, spielt vielmehr anstelle der vorgesehenen Fermate ein »Arpeggio«. Schikaneder erschrickt, sieht in der Kulisse Mozart, ahnt Böses und will sich nicht noch einmal überlisten lassen. Deshalb macht er bei der nächsten Fermate eine Bewegung, die zu einem Arpeggio passen würde. Doch jetzt bleibt Mozart bei der Fermate! Schikaneder ist vollends verunsichert und streikt. Da lässt Mozart unvermutet einen Akkord folgen, so dass Schikaneder noch einmal reflexartig aufs Gockenspiel haut – aber natürlich verspätet. Wütend darüber, zum dritten Mal überlistet worden zu sein, ruft er »Halts Maul!« in die Kulisse. Die Zuschauer lachen sich tot und kriegen, wie Mozart meint, überhaupt zum ersten Mal mit, dass die Töne des Glockenspiels gar nicht von der Bühne, sondern aus der Kulisse kommen.

Und woher weiß man das alles so genau? Mozart berichtet es mit größtem Vergnügen seiner Frau Konstanze, die sich damals zur Kur in Baden bei Wien aufhält. Ein paar Tage später erzählt er nicht ohne Stolz, dass auch Hofkapellmeister Salieri von der *Zauberflöte* entzückt gewesen sei – ja, jener Salieri, der bis hin zu Milos

Formans Film *Amadeus* als Gegenspieler oder gar Giftmörder Mozarts durch die Geschichte geistert.

An dieser Legende ist nichts dran; Konkurrenten waren die beiden allerdings schon! Auch Salieri schrieb nämlich erfolgreiche Opern – freilich keine *Zauberflöte*. Denn dieses Werk hat etwas wohl nur Mozart Eigenes: die vollendete Verbindung von vergnügtem Spiel und tiefem Ernst. Wer ist freundlicher gezeichnet als jener Papageno, der im Auftrag einer geheimnisvollen »Königin der Nacht« Vögel fängt, der das Leben genießen, eine schöne Frau und viele süße Kinder haben möchte! Und was macht mehr Spaß als ein zauberisches Glockenspiel, bei dessen Klängen Papagenos Widersacher auf der Stelle tanzen müssen!

Übrigens – was hat es mit der *Zauberflöte* auf sich? Wie Papageno das Glockenspiel, so schützt den Prinzen Tamino die Flöte vor Gefahren: »Tamino spielt«, heißt es in einer Regiebemerkung, und »sogleich kommen Tiere aller Arten hervor, ihm zuzuhören«. Wer wissen will, wie Mozart sich solch vergnügtes Spiel vorstellte, muss sich die Oper anhören. Er wird dann schnell verstehen, was mit »tiefem Ernst« gemeint ist. Da trauert die Königin der Nacht um ihre Tochter Pamina, die ihr von Sarastro, dem Herrn des Isis-Tempels, weggenommen worden ist. Und egal, ob sie gegenüber Sarastro intrigiert, nämlich die Hand nach seinem Sonnenreich ausgestreckt hat – für den Augenblick trauert sie ehrlich und leidenschaftlich.

Pamina zittert und bangt ihrerseits um ihren Verlobten Tamino, der sich harten Mutproben unterziehen muss, ehe er sie heimführen darf. »Ach, ich fühl's, es ist verschwunden, ewig hin der Liebe Glück«, singt sie todtraurig. Gegen Ende mahnt Sarastro zur Versöhnung: »In diesen heilgen Hallen kennt man die Rache nicht.« Und zu alldem komponiert Mozart eine Musik, die schon Kinder, wenn nicht ganz verstehen, so doch gefühlsmäßig mitvollziehen können. »In meiner Oper ist Musik für aller Gattung Leute – ausgenommen für lange Ohren«, rühmt er sich anlässlich seiner Oper *Idomeneo*; und mit den »langen Ohren« meint er die Ohren der Esel.

Nicht ohne Grund ist die *Zauberflöte* zur meistgespielten Oper auf der Welt geworden, denn sie hat etwas von der alten Volkskunst, welche Erwachsene nicht unter- und Kinder nicht überfordert: Jeder kann auf seinem Niveau einsteigen und gut mitkommen.

Heutzutage ist viel davon die Rede, dass Mozart die *Zauberflöte* zumindest unterschwellig als eine Art Werbung für das Freimaurertum geschrieben habe. Tatsächlich war er selbst Freimaurer. Und um in die Wiener Loge zur »Wohltätigkeit« aufgenommen zu werden, hat er sich einem Ritual unterzogen, das an die Mutproben des Tamino erinnert: Er ist vom »fürchterlichen Bruder« aus der »dunklen Kammer« geholt worden, um eine symbolische Wasser- und Feuerprobe zu bestehen; er hat einen Initiationseid geleistet, den weißledernen Gesellenschurz des Ordens angelegt und die Lehrlingstafel studiert.

Man sollte über solche Parallelen nachdenken. Denn auch in einer anderen Oper Mozarts finden sich interessante Bezüge zum aktuellen Zeitgeschehen – nämlich in der *Hochzeit des Figaro*. Das Textbuch beruht auf einem Theaterstück des französischen Komödiendichters Beaumarchais, der sich am Vorabend der Französischen Revolution in seiner *Mariage de Figaro* so frech mit der Verdorbenheit des Adels auseinandersetzt, dass der französische König Ludwig XVI. es mit der Angst zu tun bekommt und ihn einsperren lässt. (Später werden sich die bösen Ahnungen des Königs bewahrheiten: Er wird unter der Guillotine enden.)

Oberflächlich betrachtet wirkt Mozarts *Figaro* weniger bissig; und die Musik ist letztendlich versöhnlich. Gleichwohl fehlt es auch der Oper nicht an satirischer Schärfe: In der zu Anfang dieses Kapitels erwähnten Arie *Non più andrai* (*Aus und vorbei, ver-*

liebter Schmetterling) spottet der Diener Figaro ja nicht nur über einen verwöhnten Schürzenjäger, der jetzt zum Militär muss, sondern damit auch über einen jungen Adeligen, der sich auf Kosten der einfachen Leute ein angenehmes Leben macht. Außerdem legt Figaro sich mit dem Grafen Almaviva an, der Figaros Heirat mit der Kammerzofe Susanna nach Kräften hinauszögert, weil er selbst ein Auge auf sie geworfen hat.

Dass das Dienerpaar am Ende dann doch heiraten darf und alles in allem weit glücklicher dasteht als das gräfliche Paar, das sich mit der Liebe weiterhin schwer tun wird, dürfte dem Komponisten recht sympathisch gewesen sein: Erst ein paar Jahre zuvor hat Mozart sich selbst in der Rolle des schlecht behandelten Dieners gesehen. Da ging es um seinen Wunsch, aus den Diensten des Fürsterzbischofs von Salzburg entlassen zu werden und als freier und unabhängiger Künstler nach Wien zu gehen. Der Fürst will sich mit dem Gesuch gar nicht befassen: Mozart soll sich gefälligst an seinen direkten Vorgesetzten, den Oberstküchenmeister Graf Arco, wenden. Und der findet Mozart so aufdringlich, dass er ihn schließlich mit dem berühmten »Tritt in den Arsch« entlässt – eine Schmach, die Mozart sein Leben lang nicht vergessen hat.

Während die *Zauberflöte* ein Singspiel in deutscher Sprache und mit gesprochenen Dialogen ist, gehört die italienischsprachige *Hochzeit des Figaro* zur Gattung der Opera buffa. Diese ist ein munteres Kind der Opera seria, also jener »ernsten Oper«, der zum Beispiel die schon erwähnten Händel-Opern *Julius Caesar* und *Xerxes* angehören. Auch Mozart hat solche Opere serie komponiert, die sich um das Schicksal von Göttern und Helden drehen, Da-capo-Arien bevorzugen und Gesangsvirtuosen Gelegenheit geben, ihre Stimmen ins rechte Licht zu rücken.

Neben dem *Titus* ist *Idomeneo* Mozarts bekannteste Opera seria. Er hat sie 1780/81 für die Münchner Hofoper geschrieben und dabei den Kastraten Vincenzo dal Prato in der Rolle des Idamante,

Kronprinz von Kreta, liebevoll mit virtuosen Arien bedacht, obwohl er grundsätzlich nicht viel von Kastraten hielt und auch über den noch unerfahrenen dal Prato klagte: »Der Bub kann doch gar nichts. Seine Stimme wäre nicht so übel, wenn er sie nicht in den Hals und in die Gurgel nähme. Übrigens hat er aber gar keine Intonation, keine Methode, keine Empfindung.«

Was soll's: Der fünfundzwanzigjährige Mozart ist damals froh über jeden Auftrag; Libretti und Sänger kann er sich nicht aussuchen. Das wird sich bessern, als er kurz darauf – nach dem berüchtigten Arschtritt – in Wien Fuß fasst und es dort mit einem Kaiser, Joseph II., zu tun hat, der weder für die traditionelle Opera seria noch für das Kastratenwesen schwärmt. Die italienische Oper fördert er allenfalls in Gestalt der Buffa. Diese zieht Hörer an, die von Götter- und Heldengeschichten ebenso genug haben wie von steifen Gesangsszenen und die nach etwas anderem Ausschau halten: nach einer heiteren Handlung, in der Menschen »wie du und ich« vorkommen sollen; nach kecken Dialogen und einem Gesang, der zwar nicht auf Virtuosität verzichtet, jedoch zugleich die Anmut und tänzerische Beschwingtheit von Volksmusik besitzt.

Mit der *Hochzeit des Figaro* hat Mozart eine solche Opera buffa geschrieben – beileibe kein seichtes Werk, aber eines voller Humor und Spritzigkeit. Aus Prag, wo man es noch freudiger als in Wien aufnimmt, berichtet der Komponist Anfang 1787 von einem Ball: »Ich sah mit ganzem Vergnügen zu, wie alle diese Leute auf die Musik meines Figaro, in lauter Kontratänze und deutsche Tänze verwandelt, so innig vergnügt herumsprangen.« Überhaupt werde derzeit in Prag nichts anderes als *Figaro* gespielt, geblasen, gepfiffen und gesungen. Das wäre dem großen Händel, sosehr er auch von Mozart bewundert wurde, mit seinen Arien nicht passiert. Denn in seinen Kreisen war es noch undenkbar, dass sich die Oper unters Volk mischen könnte.

Doch genau das wünscht Joseph II., der sich zu Mozarts Wiener

Zeit persönlich um alle Opernangelegenheiten kümmert. Am liebsten wäre ihm ein deutschsprachiges Singspiel, von dem sich alle Stände angesprochen fühlen. Auch dabei hilft Mozart, indem er 1781/82 – also einige Jahre vor der *Zauberflöte* – die *Entführung aus dem Serail* komponiert. Das ist die Geschichte von den zwei jungen Männern Belmonte und Pedrillo, die sich aufmachen, ihre Bräute Konstanze und Blondchen aus einem türkischen Harem zu befreien, wohin sie ein Seesturm verschlagen hat. Dazu müssten Belmonte und Pedrillo mit dem tückischen Haremsaufseher Osmin fertig werden, der sich über die »hergelaufnen Laffen« ärgert und ihnen droht: »Erst geköpft, dann gehangen, dann gespießt auf heißen Stangen, dann verbrannt, dann gebunden und getaucht, zuletzt geschunden!« Nachdem die beiden in seine Falle getappt sind, kann er voll Ingrimm singen: »O wie will ich triumphieren, werd ich sie zum Richtplatz führen und die Hälse schnüren zu!«

Zum Glück wird in einem heiteren Singspiel nichts so heiß gegessen wie gekocht; und deshalb lässt Bassa Selim, der eigentliche Herr über den Harem, die auch von ihm selbst begehrte Konstanze letztlich aus freien Stücken ziehen. Das ist ein in der Mozart-Zeit beliebtes Motiv: Ein Orientale beschämt die westliche Zivilisation. Zunächst singt ihm Konstanze freilich ihre Verweigerungs-Arie *Martern aller Arten mögen meiner warten, ich verlache Qual und Pein* ins Gesicht. Mozart hat sie, wie er dem Vater bekennt, »ein wenig der geläufigen Gurgel der Sängerin Cavallieri aufgeopfert« – auch in einem Singspiel mit vielen populären Liedern will er auf Virtuosität nicht ganz verzichten.

Es fehlt noch diejenige Oper Mozarts, die im 19. Jahrhundert seine berühmteste war: *Don Giovanni*. Dass sie in den originalen Quellen Opera buffa oder Drama giocoso, also heiteres Drama, genannt wird, mag auf den ersten Blick überraschen; denn am Ende fährt der dämonische Titelheld zur Hölle, weil er von seinem wüsten Leben nicht abgelassen und sogar Gott gelästert hat. Doch hier zeigt sich – wenn auch auf ganz andere Weise als in der *Zauberflöte* – einmal mehr Mozarts Genie, Ernstes und Heiteres ineinander zu verweben.

Da gibt es die grauenerregende Szene, in der die Statue des ermordeten Komturs von ihrem Sockel herabsteigt, um Don Giovanni ein letztes Mal vor der ewigen Verdammnis zu warnen; nicht weniger charakteristisch ist allerdings der heitere Spott der »Register-Arie«, in welcher Don Giovannis Diener Leporello der entsetzten Donna Elvira aus dem nach ihm benannten »Leporello«, einem Faltbüchlein, vorliest, wie viele Frauen seinem Herrn schon ins Netz gegangen sind: In Italien waren es sechshundertvierzig, in Deutschland zweihunderteinunddreißig, in Frankreich hundert, in der Türkei einundneunzig, in Spanien tausendunddrei. Darunter gab es Bäuerinnen, Zimmermädchen, Städterinnen, Gräfinnen und Baronessen, Blonde und Braune, Dicke und Dünne, Junge und Alte. Erst kichert das Orchester dazu, dann gerät es, wie Leporello selbst, ins Schwärmen, so dass wir uns für einen Augenblick einbilden können, Don Giovanni habe alle diese Frauen wirklich geliebt.

HÄNDEL HAT GROSSARTIGE OPERN geschrieben, Mozart hat großartige Opern geschrieben. Wer verdient den Vorzug? Dies zu prüfen ist eine Frage nicht nur des Geschmacks, sondern auch der geschichtlichen Sichtweise. Mozarts Art zu komponieren wäre für Händel noch undenkbar gewesen; seine Musik ist lebendiger, er instrumentierte reicher und fand Melodien, die natürlicher und ungezwungener wirken als diejenigen Händels. Kurz: Man ist bei Mozart mehr zu Hause als bei Händel. Doch jedem Gewinn auf der einen Seite entspricht ein Verlust auf der anderen: Die Würde, das Pathos und den schwelgerischen Klang eines Händel hat Mozart nicht zu bieten. Daher kann sich der Zuhörer entscheiden: Möchte er Musik, die ihm so freundschaftlich nahekommt wie ein vertrauter Mensch dem anderen, wähle er Mozart; Würde, Größe und Pracht dagegen findet er bei Händel.

Schon Ludwig van Beethoven hat solche Vergleiche gezogen: In einem Brief an seinen Kompositionsschüler, den österreichischen Erzherzog Rudolph, rühmt er die seiner Zeit verlorengegangene »Festigkeit« Bachs und Händels, weist aber im selben Atemzug auf die »Verfeinerung« hin, welche durch die gegenwärtige Kompositionskunst erreicht worden sei.

Es ist nichts Schlechtes, musikalische Vorlieben zu haben. Im Gegenteil: Wer alles »gleich schön« findet, läuft Gefahr, sich mit nichts wirklich auseinanderzusetzen. Doch es wäre gut, wenn man seine Vorlieben ein wenig begründen könnte, denn dadurch würde man zum Kenner. Und Kenner sind oft die besseren Genießer. Das gilt nicht nur für den Wein, sondern auch für die Musik.

»Klassik« und »Romantik«
Ein Verwirrspiel für Fortgeschrittene

So habe ich es in der Schule gelernt: »Klassiker« sind Haydn, Mozart, Beethoven; zu den »Romantikern« gehören Schubert, Schumann, Chopin, Liszt, Mendelssohn. Ferner gibt es »Spätromantiker« wie Brahms oder Reger, während Wagner oder Bruckner nicht ins Schema passen und noch weniger die Vertreter der »nationalen Schulen« des 19. Jahrhunderts.

Inzwischen kann die Musikgeschichtsschreibung mit Epochenbegriffen wie »Klassik«, »Romantik«, »Spätromantik« nicht mehr viel anfangen. Zwar muss man sie deshalb nicht einfach ignorieren. Man sollte jedoch kritischer nach ihrem Erkenntniswert fragen. Überhaupt ist ja gegenüber Vorurteilen Skepsis angebracht. Wer behauptet: »Alle Tenöre sind dumm«, hat zwar ein festes Weltbild, zeigt jedoch keine Bereitschaft, sich erst von der Vielfalt der Erscheinungen ein Bild zu machen und danach zum Beispiel festzustellen: Herr X ist dummer Tenor, der nur sein Stimmmaterial zu Markte trägt, während Herr Y mit vielen Musikstilen intelligent und sensibel umzugehen weiß.

Um Näheres darüber zu erfahren, wie es zu den Epochenbezeichnungen gekommen ist, müssen wir, fast schon gleich Archäologen, mehrere übereinanderliegende Schichten freilegen. Und am besten »graben« wir nur in Deutschland, da anderswo zumindest die Epochenbezeichnung »Klassik« kaum eine Rolle spielt.

Hier die oberste Schicht: Seit der zweiten Hälfte des 19. Jahrhunderts dehnt sich das Musikleben zunehmend aus. Es gibt immer mehr Konzerte, immer mehr städtische Opernhäuser, immer mehr Konservatorien (Vorläufer unserer heutigen Musikhochschulen) und immer mehr Klavierschülerinnen und -schüler. Demzufolge wird auch so viel über Musik geredet und gelesen, dass es den Verlagen lohnend erscheint, Musikgeschichten und Konzertführer für ein breiteres Publikum zu veröffentlichen. Sollen diese gut verständlich sein, so brauchen sie eine übersichtliche Kapiteleinteilung. Und dabei helfen vermeintlich griffige Epochenbegriffe wie »Renaissance«, »Barock«, »Klassik«, »Romantik«. Denn die kennt man schon aus der Literatur- oder Kunstgeschichte, wo sie oft besser passen.

Freilich – damit kommen wir zur nächsttieferen Schicht – geht es den Autoren nicht nur darum, die Komponisten in eine Schublade zu stecken. Vielmehr schließen sie sich – teils bewusst, teils unbewusst – an die Philosophie Hegels und das Fortschrittsdenken des 19. Jahrhunderts an. Hegel dachte sich einen »Weltgeist«, der beständig voranschreitet und dabei alle geistigen Regungen einer Zeit erfasst. Indem man Geschichte als Abfolge bestimmter Epochenschritte versteht, folgt man dem Gang dieses Weltgeistes, der nach Meinung des Philosophen gemäß einem großen Weltenplan so verlaufen musste, wie er tatsächlich verlaufen ist.

Zwei Generationen später spricht der Kulturhistoriker Wilhelm Dilthey zwar nicht mehr vom Weltgeist, wohl aber von einem »Zeitgeist«, der alle kulturellen Äußerungen einer Epoche gleichermaßen präge. Damit verschafft er ganzen Generationen von Kulturhistorikern Arbeit: Diese setzen sich nämlich auf die Fährte des jeweiligen Zeitgeistes, indem sie einerseits sein allgemeines Wesen zu fassen und dieses andererseits in den einzelnen Kunstwerken wiederzufinden versuchen. Um die am Einzelwerk jeweils neu beobachteten Züge bereichern sie wiederum das Gesamtbild der Epoche; und so gibt es ein beständiges Hin und Her zwischen dem Ganzen und dem Einzelnen – den sogenannten hermeneutischen Zirkel.

Dessen muss sich die traditionelle Geistesgeschichte nicht schämen; denn viele Naturwissenschaften sind bei ihrer Theoriebildung kaum anders vorgegangen. Gleichwohl will man neuerdings von entsprechenden Gedankenspielen umso weniger wissen, je mehr man am Sinn der Geschichte und am gesellschaftlichen Fortschritt überhaupt zweifelt. Diesen Zweifel hat bereits Friedrich Nietzsche gehegt; und zur sogenannten Postmoderne zählende Philosophen wie Michel Foucault, Roland Barthes oder Jacques Derrida verkünden ganz unverhohlen: »Alles Lüge. In Wahrheit fürchten sich die Menschen vor dem Gedanken, dass die Geschichte sinn-los sein könnte; und deshalb konstruieren sie Sinn, auch wo er objektiv nicht gegeben ist!« In diesem Fall bedeutet das: Die Historiker »erfinden« Epochen, um die Fülle der Einzelerscheinungen besser bändigen und den Gang der Geschichte unter einer Zielvorstellung betrachten zu können.

Sinn-losigkeit muss allerdings nicht »Chaos« bedeuten. Man könnte sich die Geschichte zum Beispiel als einen gewaltigen Fluss denken, dessen Strömung von unendlich vielen unvorhersehbaren Einzelheiten bestimmt ist: von geologischen Veränderungen, Klippen, Regenfällen oder Trockenzeiten, Schiffsbewegungen usw. Zugleich aber bewegt sich der Fluss nach bestimmten Gesetzen, an denen nicht zu rütteln ist: Zum Beispiel kann er nur abwärts- und nicht aufwärtsfließen; und was schwerer als Wasser ist, sinkt auf den Grund des Flusses ab. Vergleichsweise kann man von bestimmten *Tendenzen* in der Geschichte der Kunst sprechen, die sich nicht einfach ignorieren lassen. Wie der Verlauf der Literatur-, Kunst- und Musikgeschichte *im Einzelnen* verlaufen ist, bekommt man jedoch nicht heraus, indem man Epochen konstruiert und benennt.

Erstes Fazit: Strikte Epocheneinteilungen, die einen höheren Sinn der Geschichte voraussetzen, sind problematisch. Sie führen eher in die Irre, als dass sie weiterhelfen; andererseits brauchen wir, um nicht im Chaos zu versinken, bestimmte Orientierungspunkte. Doch wie ist die Musikgeschichtsschreibung speziell auf die Orientierungspunkte »Klassik« und »Romantik« verfallen?

Wir graben eine Schicht tiefer und stoßen auf Äußerungen E. T. A. Hoffmanns. Der romantische Dichter und Musikästhetiker hat als einer der Ersten die heute gern als »Wiener Klassik« bezeichnete Komponisten-Trias Mozart, Haydn und Beethoven als Einheit gesehen. Doch Achtung: Im Jahr 1810 nennt er sie im Rahmen einer Besprechung von Beethovens *Fünfter* nicht etwa Klassiker, sondern Künstler, die »den gleichen romantischen Geist atmen«, welcher für alle wahre Kunst unabdingbar sei.

Romantik ist für E. T. A. Hoffmann ein Gütesiegel. Er wendet es auf eine Kunst an, die uns, statt seicht daherzuplätschern, in den Tiefen anrührt und eine Ahnung vom Unendlichen gibt. »Das kann doch nicht alles gewesen sein«, meint der Romantiker angesichts seines schnöden Alltags; auf dem Weg über die Kunst will er an Geheimnissen teilhaben, die den verborgenen Sinn der Welt ausmachen.

Und meine Seele spannte
weit ihre Flügel aus,
flog durch die stillen Lande,
als flöge sie nach Haus.

So dichtet der Romantiker Joseph von Eichendorff; und so empfindet der romantische Komponist Robert Schumann, wenn er diese Verse als Lied vertont. Beide wollen weg aus ihrem irdischen »Gefängnis« und in das Land ihrer Sehnsucht.

Schön und gut, mag man sagen, das lässt sich nachempfinden. Doch genügt das, um eine ganze Epoche zu definieren? Und was ist von einer Romantik zu halten, zu der angeblich auch Haydn, Mozart und Beethoven gehören – unsere Wiener »Klassiker«?

An diesem Punkt wird es noch schwieriger, denn unzweifelhaft hat zu Lebzeiten von Haydn, Mozart und Beethoven noch niemand von »Klassik« oder »Wiener Klassik« gesprochen. Das geschah erst etwas später und hatte mehr politische als künstlerische Gründe: Im »Vormärz« – der Ära zwischen 1815 und 1848 – litten viele Deutsche unter der Zersplitterung ihrer Nation in Kleinstaaten, in denen sie den regierenden Fürsten oft genug hilflos ausgeliefert waren. Wie in einem späteren Kapitel näher erläutert, wünschten sie sich stattdessen einen demokratischen Nationalstaat. Und solange sie darauf warten mussten, beschworen sie wenigstens schon einmal eine gemeinsame nationale Kunst: Was die Engländer seit langem in Shakespeare, die Franzosen in Molière und Racine besaßen, das sollten die Deutschen nun in Gestalt »klassischer« Geisteshelden wie Herder, Goethe, Schiller bekommen – und eben auch in Gestalt »klassischer« Komponisten wie Haydn, Mozart und Beethoven.

Warum waren es gerade diese drei? Man kann es ganz einfach sagen: Sie hatten sich in und außerhalb von Deutschland am schnellsten durchgesetzt. Besseres, so dachte man, habe damals keine Nation zu bieten – von den beliebten italienischen Opernkomponisten Rossini, Bellini und Donizetti einmal abgesehen.

Bei Licht betrachtet, stehen wir mit unseren Epochenbezeichnungen »Klassik« und »Romantik« ziemlich dumm da. Eins passt nicht zum anderen, und am Ende bleibt die Frage: Gibt es Stilkriterien, die wenigstens innerhalb der »Wiener Klassik« allgemeine Gültigkeit beanspruchen können? Dann hätte man zwar keine ganze Epoche definiert, aber immerhin die Musik der großen deutsch-österreichischen Komponisten dieser Zeit!

Doch damit machen wir uns die Sache nicht leichter: Auf den Spuren E. T. A. Hoffmanns behaupten einige Musikforscher bis heute, im Werk Beethovens gebe es ebenso viel »Romantisches« wie »Klassisches«. Andere sind der Meinung, Muzio Clementi, ein zu seiner Zeit vor allem in England berühmter Komponist, habe nicht weniger »klassisch« komponiert als seine Zeitgenossen Mozart und Beethoven; und der »Romantiker« Schubert sei in Wahrheit ein »Klassiker«!

Da müssten wir also anfangen, »klassisch« und »romantisch« stilgeschichtlich zu definieren! Doch wem sollen wir folgen, wenn wir nicht mehr an einen Weltgeist oder untrüglichen Zeitgeist glauben? Da sagt doch jeder etwas anderes! Ja – das ist moderne Kultur- und Geisteswissenschaft: Jeder sagt etwas anderes. So bleibt uns nur, uns entweder e i n e r Meinung anzuschließen oder nach dem kleinsten gemeinsamen Nenner vieler verschiedener Aussagen zu suchen. Am besten machen wir uns schrittweise unser eigenes Bild – unter dem leitenden Gesichtspunkt: Was hilft mir, Musik besser zu verstehen?

Immerhin eignet sich das Gegensatzpaar klassisch/romantisch als »Leitdifferenz« für originelle musikästhetische Diskussionen. Ich nenne hier als möglichen Ausgangspunkt ein Buch von Fritz Strich mit dem Titel *Deutsche Klassik und Romantik*. Klassik ist für den Literaturhistoriker »Vollendung«, Romantik ist »Unendlichkeit«.

Damit kann ich etwas anfangen: Einige Künstler streben nach schönen und harmonischen Formen, nach Klarheit, nach Einheit in der Vielfalt. Sie möchten dem unvollkommenen Leben durch ihr Werk ein wenig Vollkommenheit oder »Vollendung« geben. Das sind die »Klassiker«. Andere Künstler widmen sich der Darstellung von Widersprüchen und Unzulänglichkeiten; sie ertragen nicht die Ruhe des Augenblicks, sind ständig in Bewegung, sehnen sich nach etwas, das sie niemals bekommen werden, sind auf einer unendlichen Suche. Das sind die »Romantiker«.

Doch was ich hier beschreibe, sind Idealtypen, die sich im einzelnen Kunstwerk kaum einmal rein abbilden. Deshalb sind Kategorien wie »klassisch« und »romantisch« nichts weiter als Scheinwerfer, welche die Kunstwerke dergestalt beleuchten, dass jeweils unterschiedliche Züge hervortreten. Mit welchen Worten sich diese Züge dann beschreiben lassen, muss jeder selbst herausfinden. Zwei Verfahren bieten sich an: der Vergleich und der Gebrauch von Metaphern.

Wer sich zum Beispiel spezieller über Beethovens *Eroica* äußern möchte, kann sie etwa mit Beethovens *Fünfter* oder mit Mozarts *Jupiter-Sinfonie* vergleichen. Je gründlicher und liebevoller ein solcher Vergleich ausfällt, umso mehr besagt er über das Besondere des einzelnen Werks. Ein anderer Weg, der weniger Fachkenntnisse erfordert, führt über die Metapher. E. T. A. Hoffmann hat in der erwähnten Besprechung der *Fünften* geschrieben, Beethoven bewege in dieser Sinfonie »die Hebel des Schauers, der Furcht, des Entsetzens, des Schmerzes«. Um seine Eindrücke mitzuteilen, benutzt E. T. A. Hoffmann also keine Fachbegriffe, sondern eine originelle Metapher. Für Umberto Eco, den durch seinen Roman *Der Name der Rose* bekannten italienischen Sprachwissenschaftler, wird eine Metapher durch den »Wahrnehmungsschock« ausgelöst, welchen eine ungewöhnliche Erfahrung in uns auslöst. Auch das Hören von Musik kann eine Erfahrung sein, die beständig kleine Wahrnehmungsschocks hervorruft. Mancher hat Lust, diese in Worte zu fassen und sie dergestalt mit anderen zu teilen.

ES KANN NICHT SCHADEN, wenn man sich in der Musiktheorie auskennt. Doch auch wer »nur« Metaphern verwendet, darf mitreden und kann sich auf so große Vorgänger wie E. T. A. Hoffmann, Robert Schumann, Friedrich Nietzsche, Claude Debussy, Thomas Mann, Ernst Bloch, Theodor W. Adorno berufen.

Beethoven und andere
Die Sinfonie als Ideenkunstwerk

So kann Geschichte verlaufen: Aus einer Nebensache wird eine Hauptsache. In unserem Fall bedeutet das: Am Anfang der Sinfonie-Tradition steht die gern »Sinfonia« genannte Opern-Ouvertüre – manchmal ist sie nur wenige Takte lang. Zu Beginn von Monteverdis *Orfeo* etwa erklingt ein einfacher Tusch, welcher die D-Dur-Klangfläche nicht verlassen darf, damit die Naturtrompeten nicht überfordert sind. Und die braucht man gleichsam als Herolde; noch in bedeutenden Sinfonien des 19. Jahrhunderts wie der *Frühlingssinfonie* in B-Dur von Robert Schumann werden Trompeten gelegentlich entsprechende Funktionen haben.

Doch so weit sind wir noch nicht. Über einen längeren Zeitraum hinweg dienen Opern-Sinfonien, die zunehmend »Ouvertüren« genannt werden, vor allem als Aufforderung an das Publikum, das Geplauder zu beenden, sich auf den feierlichen Einzug des Hofs zu konzentrieren usw. Freilich wird dieses Publikum allmählich immer geschulter und aufmerksamer im Umgang mit reiner Orchestermusik; und umso größeren Ehrgeiz entwickeln die Komponisten beim Schreiben groß angelegter, oftmals sogar mehrsätziger Ouvertüren.

Es liegt nahe, solche prächtigen Stücke auch gesondert aufzuführen – zum Beispiel zu Beginn eines Hofkonzerts. Und damit ist der Schritt zur selbständigen Sinfonie getan! Jetzt taucht allerdings noch einmal die Frage auf, die uns schon im Kapitel »Sonate – was willst du mir sagen?« beschäftigte. Sie lautet nun sinngemäß: »Sinfonie – was willst du mir sagen?« Darauf gibt das Zeitalter Haydns und Mozarts gleich mehrere interessante Antworten. Aus der literarischen Bewegung des »Sturm und Drang«, der zum Beispiel Goethes Kultroman *Die Leiden des jungen Werthers* verpflichtet ist, springt die Vorstellung auf die Musikanschauung über, man könne seinen individuellen Leidenschaften durch wortlose Töne Ausdruck verleihen und dabei sogar direkter und authentischer sein, als es jede sprachliche Äußerung vermag. Noch Mozarts g-Moll-Sinfonie KV 550 steht in der Tradition des Sturm und Drang, Leidenschaften unvermittelt zum Ausdruck zu bringen.

Joseph Haydn teilt solche Vorstellungen in seiner mittleren Zeit, während er in seinen späten Jahren andere Wege geht: Mit den »Londoner Sinfonien« entwickelt er den Ehrgeiz, das neugierige, jedoch oftmals wenig vorgebildete englische Konzertpublikum vergnüglich an die Kunstmusik heranzuführen – durch die Verwendung volkstümlicher Melodien und gezielte Überraschungseffekte wie den unvermuteten Paukenschlag in der sogenannten *Sinfonie mit dem Paukenschlag*.

Schon 1790 schwärmt Haydns Biograph Ernst Ludwig Gerber: »Die junge Schöne sowohl als der bei den Partituren ergraute Kontrapunkt hören seine Werke mit gleichem Vergnügen.« Dahinter steht geradezu ein Programm: Haydn will mit seiner Musik dem Menschen in allen seinen Facetten gerecht werden – in seiner Lebensfreude ebenso wie in dem Streben nach Würde und Ernsthaftigkeit. Die Sinfonie drückt das Ideal eines Menschen aus, der durch Höhen und Tiefen geht, jedoch letztlich harmonisch in sich ruht.

Was in Haydns Oratorium *Die Schöpfung* auch mit Worten gesagt wird: »Mit Würd' und Hoheit angetan, mit Schönheit Stärk' und Mut begabt, gen Himmel aufgerichtet steht der Mensch«, das will der Sinfoniker seit den Tagen Haydns und Mozarts allein mit Hilfe des Orchesters vorstellen. Dessen Vielfalt wird zum Sinnbild einer Gesellschaft, die dem Ideal »Mannigfaltigkeit in der Einheit« nachstrebt. Hier wie dort gibt es ein Mit- und Gegeneinander, ein Führen und wieder Zurücktreten vieler einzelner »Stimmen«, die letztlich von einem Gestaltungswillen zusammengehalten werden.

Und das entspricht der neuen bürgerlichen Diskurs-Gesellschaft, von welcher der Philosoph Jürgen Habermas in unseren Tagen spricht.

Es ist eine Gesellschaft, die sich hohe Ziele setzt und im Zuge der Französischen Revolution von 1789 die Ideale von Freiheit, Gleichheit und Brüderlichkeit verkündet. So groß auch die Gräueltaten sind, welche diese Revolution nach sich ziehen wird: Von den genannten Idealen, die in der französischen Verfassung bis auf den heutigen Tag hochgehalten werden, distanzieren sich damals nur wenige. Schon gar nicht Ludwig van Beethoven, der seine dritte Sinfonie, die *Eroica,* zunächst Napoleon Bonaparte widmet, dem Testamentsverwalter dieser Revolution.

Zwar zerreißt Beethoven – der Überlieferung nach – das handschriftliche Widmungsblatt bei der Nachricht, dass Napoleon sich habe zum Kaiser krönen lassen. »Ist der auch nichts anders wie ein gewöhnlicher Mensch! Nun wird er auch alle Menschenrechte mit Füßen treten, nur um seinem Ehrgeize zu frönen«, soll er ausgerufen haben. Und 1806, nach Napoleons Sieg über die Preußen in der Nähe von Jena, ereifert sich der Komponist: »Schade, dass ich die Kriegskunst nicht so verstehe wie die Tonkunst, ich würde ihn doch besiegen!«

Solche Kritik bedeutet jedoch nicht, dass Beethoven jemals an seinem Idealbild von Napoleon irregeworden wäre. Noch viele Jahre später hat er dessen »Sinn für Kunst und Wissenschaft« gerühmt. Auch Beethovens eigene Devise: »Freiheit, Weitergehn ist in der Kunstwelt wie in der ganzen großen Schöpfung Zweck«, kann man nur vor diesem Hintergrund richtig verstehen.

Übrigens soll Napoleon, der ein exzellenter Musikkenner war, allen potenziellen Gesetzgebern empfohlen haben, vorrangig die Musik zu pflegen: »Eine tief empfundene Sinfonie von Meisterhand bewegt unfehlbar das Gemüt und hat weit größeren Einfluss als ein moralisches Buch!« Genauso sieht es natürlich sein Verehrer Beethoven, für den eine Sinfonie mehr als ein Ausdruck subjektiver Leidenschaften à la *Werther*, aber auch mehr als ein Sinnbild harmonischen Zusammenlebens ist: Seine Sinfonien greifen leitende Ideen der Zeit auf, wollen die Hörer elektrisieren und zum Besseren führen.

Deshalb sind es meistenteils ausgeprägte »Finalsinfonien« – Werke, in denen der letzte Satz das entscheidende Schlussglied einer Ideenkette bildet. Ein gutes Beispiel dafür ist die berühmte *Fünfte*. Das bekannte Klopfmotiv des ersten Satzes hat etwas Aufrüttelndes und zugleich Beunruhigendes. Ob Beethoven den ihm zugeschriebenen Ausspruch »So klopft das Schicksal an die Pforte« tatsächlich getan hat, ist dabei nicht ausschlaggebend. Denn auch eine zeitgenössische Zeitungskritik spricht angesichts der Sinfonie vom »Ringen eines kräftigen Wesens gegen ein fast übermächtiges Geschick«.

Dieses »Ringen« setzt sich im zweiten und dritten Satz der *Fünften* fort, bis schließlich im Finale der Durchbruch zum Sieg erfolgt. Es ist, als ob eine imaginäre Bühne plötzlich in hellem Licht erstrahlte und lauter Siegesjubel anhöbe – vermittelt über militärische Rhythmen, die deutlich an französische Revolutionsmusik erinnern. Um keinen Zweifel daran aufkommen zu lassen, verstärkt Beethoven das Orchester hier durch drei Posaunen, Piccoloflöte und Kontrafagott, also durch Instrumente, die man aus Militärkapellen kennt. Ein alter französischer Grenadier soll anlässlich einer Pariser Aufführung kurz nach Beethovens Tod an dieser Stelle ausgerufen haben: »C'est l'Empereur, vive l'Empereur!« (»Das ist der Kaiser [Napoleon], es lebe der Kaiser!«)

Äußerlich sollte man sich die frühen Aufführungen Beethoven'scher Sinfonien nicht allzu machtvoll vorstellen: Die meisten Orchester sind damals noch relativ klein, und die wenigsten Instrumente verfügen über das heute übliche Klangvolumen. Der Intention nach spielt der Orchesterklang in Beethovens Sinfonien jedoch von vornherein eine eigenständige Rolle; er treibt dynamische Entwicklungen aus sich heraus, von denen man bis dahin keine Vorstellungen hatte.

Um diesem Klang charismatische Wirkung zu verschaffen, braucht man Dirigenten mit Suggestivkraft. Und es ist zu vermuten, dass nicht zuletzt Beethovens »heroische« Sinfonien – die *Eroica*, die *Fünfte* und die *Neunte* – dem Typus des Stardirigenten die Wege geebnet haben, welcher seit der Mitte des 19. Jahrhunderts dem Orchester vorsteht. Es ist bezeichnend, dass es sich jetzt gern »Sinfonieorchester« nennt; und Hans von Bülow, Arthur Nikisch, Wilhelm Furtwängler, Arturo Toscanini, Otto Klemperer, George Szell und Herbert von Karajan sind große Namen in der Geschichte dieses Sinfonieorchesters.

Elias Canetti, Nobelpreisträger für Literatur, hat das Phänomen des Stardirigenten in seinem Buch *Masse und Macht* freilich nicht ohne Sarkasmus geschildert: »Es gibt keinen anschaulicheren Ausdruck für Macht als die Tätigkeit des Dirigenten. Er hat Macht über Leben und Tod der Stimmen. Eine Stimme, die lange tot ist, kann auf seinen Befehl wiederauferstehen. Geistesgegenwart und Raschheit gehören zu seinen hervorstechenden Eigenschaften. Über Gesetzesbrecher muss er mit Blitzeseile herfallen. Er allein richtet auf der Stelle über Fehler!«

Dirigenten unserer Tage halten manchmal mehr davon, mit ihrem Orchester zu kooperieren. Sie könnten sich dabei auf den alten Frankfurter Kapellmeister Karl Guhr, einen Zeitgenossen Beethovens, berufen. Guhr hat die Mitglieder eines Orchesters mit den Bürgern einer demokratischen Gesellschaft verglichen: Jeder habe eine wichtige Stimme; und um gute Musik zu machen, müsse man aufeinander hören.

Beethoven selbst ist nicht der Typus eines »demokratischen« Dirigenten gewesen. Dass er in seiner schöpferischen Ungeduld gegenüber Musikern gelegentlich sehr harsch reagieren konnte, belegt der Ausspruch: »Was kümmert mich seine elende Geige, wenn der Geist aus mir spricht!« Gleichwohl gehören zu seinem künstlerischen Erfolg nicht nur Unerbittlichkeit, sondern auch Zartheit und Einfühlungsvermögen. Unter seinen neun Sinfonien finden sich keineswegs nur heroische Werke – das heißt solche, die den Menschen anfeuern sollen, auf einer als richtig erkannten Bahn mutig voranzuschreiten. Andere Akzente setzen etwa die *Sechste* und *Siebte*.

Die *Sechste*, die sogenannte *Pastorale*, ist eine Huldigung an die Natur als Ort des Friedens und der Gottesverehrung; die *Siebte* durchzieht ein Ton von Freude, der im Finale geradezu orgiastische Züge annimmt. Richard Wagner sprach ehrfürchtig von einer »Apotheose des Tanzes«, während Hermann Kretzschmar, Verfasser des seinerzeit bekanntesten Konzertführers, eher sauertöpfisch reagierte. »Im Interesse unserer Jugend«, so meinte er hundert Jahre nach der Uraufführung, müsse man vor den maßlosen Zügen dieses Finales doch ein wenig warnen. (Rock 'n' Roll und die Rolling Stones hat er zu seinem Glück nicht mehr kennengelernt!)

In der *Neunten* wird Beethoven dann noch »maßloser«: Im Finale lässt er nicht allein das Orchester sprechen; er bemüht auch Friedrich Schillers *Ode an die Freude*, einen Chor und vier Gesangssolisten, um seinem Wunsch nach Menschheitsverbrüderung Gewicht zu geben. Ist er damit seinem eigenen Ideal untreu geworden, dem zufolge Instrumentalmusik auch ohne Worte so deutlich zu »reden« habe, dass jeder sie verstehen kann?

Manche finden eine solche Frage überflüssig; sie verweisen auf die Suggestionskraft der Strophe »Freude schöner Götterfunken«, die inzwischen als inoffizielle Europahymne überall zu hören ist. Andere ahnen hinter dem vordergründigen Optimismus dieses Chor-Finales einen verzweifelt um sein Glück ringenden Komponisten. In der Tat liest man den Bericht eines Orchestergeigers von der Uraufführung der *Neunten* im Jahre 1824 nicht ohne Rührung.

Der nahezu taube Beethoven »stand vor einem Dirigentenpult und fuhr wie ein Wahnsinniger hin und her, schlug mit Händen und Füßen herum, als wolle er alle die sämtlichen Instrumente spielen, den ganzen Chor singen. Die eigentliche Leitung war in der Hand des Kapellmeisters Umlauf, wir Musiker sahen nur auf dessen Taktstock.« Den schon nach einzelnen Sätzen aufbrausenden Beifall bekommt der Meister am Dirigentenpult nicht mit; die Sängerin Charlotte Unger muss ihn am Ärmel ziehen, damit er sich umwendet und linkisch verbeugt.

Was mag dem siebenundzwanzigjährigen Franz Schubert durch den Kopf gegangen sein, der dieses denkwürdige Konzert im Wiener Hoftheater am Kärntnertor wohl kaum versäumt hat? Nur wenige Wochen zuvor hatte er seinem Freund Leopold Kupelwieser erklärt, er wolle sich nunmehr »den Weg zur großen Sinfonie bahnen«. Da gibt es bereits sieben Sinfonien von ihm – sechs vollendete und außerdem die seit kurzem in der Schublade liegende *Unvollendete*. Ist Letztere womöglich unter dem Eindruck von Beethovens *Neunter* liegen geblieben? Wagt Schubert angesichts dieses Riesenwerks sich nicht vorzustellen, dass seine neue Sinfonie vielleicht schon nach zwei Sätzen »groß« und »vollendet« sein könne?

Jedenfalls gelingt ihm mit dieser *Unvollendeten*, die erst nach seinem Tod an die Öffentlichkeit gelangen wird, ein sinfonisches Meisterwerk. Doch anders als der »heroische« Beethoven will Schubert in dieser seiner Sinfonie nicht mittels konsequenter motivisch-thematischer Arbeit »durch Nacht zum Licht« gelangen, er will auch nicht aufrütteln oder die Menschheit bessern. Nein – Schubert erzählt in starken Bildern von Schrecknissen, von Schmerzen und von wunderbarem Trost, den vor allem seine liedhaften Themen spenden.

In der Zeit, in der Schubert an der *Unvollendeten* arbeitete, hat er einen Traum niedergeschrieben, der vom Tod der Mutter, von

Streit und Versöhnung mit dem Vater, von Liebe und Schmerz sowie seinem Eintritt in einen Kreis der Seligen handelt. Zwar wird kein vernünftiger Mensch in dieser allegorischen Traumerzählung ein ausführliches »Programm« für die *Unvollendete* sehen. Doch ebenso töricht wäre die Annahme, Schubert habe bei der Komposition der *Unvollendeten* an nichts anderes gedacht als an die abstrakte Form des Sonatensatzes, an bestimmte Techniken der Motivverarbeitung oder die unterschiedlichen Möglichkeiten, verminderte Septakkorde aufzulösen.

Denn sowenig man eine bedeutende Sinfonie allein deshalb zustande bringt, weil man einen Traum gehabt hat, so wenig kann auf seine Träume verzichten, wer im 19. Jahrhundert bleibende Sinfonien schreiben will. Solche »Träume« können unterschiedliche Gestalt annehmen. Bei Beethoven werden sie zu Visionen von heroischen Taten, vom Sieg über das Schicksal, von heilender Natur und einer glücklich vereinten Menschheit. Robert Schumann widmet seine B-Dur-Sinfonie dem Frühling; und diejenige in Es-Dur heißt nicht zufällig die *Rheinische*. Auch Felix Mendelssohn Bartholdy hat es mit der Natur: Er schreibt eine *Schottische* und eine *Italienische Sinfonie*.

Johannes Brahms lässt im Finale seiner *Ersten* zunächst das naturhafte Alphorn, danach einen Bläserchoral und schließlich einen Hymnus erklingen, der an »Freude schöner Götterfunken« aus Beethovens Neunter erinnern soll. Das ist sein Vorschlag, dem Leben einen Sinn abzugewinnen. Der Schlusssatz seiner vierten und letzten Sinfonie, von der Schroeder in den *Peanuts* schwärmt, trägt hingegen resignative Züge: Er stellt eine Passacaglia über ein von Johann Sebastian Bach übernommenes Thema dar. Die Gattung der Passacaglia symbolisiert seit Jahrhunderten unter anderem die Unausweichlichkeit des Todes. Mit dem Hinweis auf Bach verdeutlicht Brahms außerdem, dass er sich auch als Sinfoniker dem »Erbe« seiner komponierenden Vorgänger verpflichtet fühlt.

Große Visionäre in der Tradition österreichischer Sinfonik sind Anton Bruckner und Gustav Mahler. Bruckner scheint in jeder seiner neun vollendeten Sinfonien einen Heilsweg mit denselben, immer wiederkehrenden Stationen abzuschreiten. Da gibt es die Wegzeichen »Macht«, »Hoheit«, »Erschauern«, »Erschrecken«, »Choral«, »Natur«, »Ländler«, »Liebe«. Bei alledem bleibt sein Glaube an eine gute göttliche Fügung letztlich unerschüttert. Demgegenüber schwankt der eine Generation jüngere Mahler, Wiener Hofkapellmeister und danach Stardirigent der New Yorker Metropolitan Opera, zwischen seelischer Zerrissenheit und vielfältiger Hoffnung auf die »himmlischen Freuden«, die in seiner *Vierten* von einer Sopranstimme besungen werden.

Während Mahlers 1904/05 entstandene, streckenweise tiefdüstere *Sechste* später als schreckliche Vorahnung des Ersten Weltkriegs gedeutet wurde, ist die *Achte*, die berühmte *Sinfonie der Tausend*, als ein einziger großer Hymnus zu verstehen. Ein Jahrhundert nach den Sinfonien Beethovens komponiert, soll sie dessen Ideenkunstwerke an Inbrunst und Klanggewalt noch einmal überbieten – im Zeichen von »Spiritualität und Liebe«. In diesem Sinne vertont Mahler den mittelalterlichen Pfingsthymnus *Veni creator spiritus* (*Komm Schöpfer, heiliger Geist*) und die Schlussszene aus dem 2. Teil von Goethes *Faust* (»Das ewig Weibliche zieht uns hinan«) mit einem gewaltigen Aufgebot an Mitwirkenden.

An der Uraufführung, die im September 1910 in der neuen Musikfesthalle auf dem Münchner Ausstellungsgelände stattfindet, sind 86 Streicher, sechs Harfenisten, 22 Holz-, 17 Blechbläser, große Trommel, Becken, Tamtam, Triangel, tiefe Glocken, Glockenspiel, Celesta, Klavier, Harmonium und Orgel beteiligt. Abseits postiert sind außerdem vier Trompeten und drei Posaunen. Es singen zwei gemischte Chöre zu je 250 Teilnehmern, ein aus 350 Mitgliedern bestehender Kinderchor und acht Solisten.

Dass gesteigerter Ausdruckswille und Intensität des Gefühls

nicht mit massenhafter Besetzung einhergehen müssen, zeigt das Ende der neunten und letzten vollendeten Sinfonie Mahlers. Dort gibt er dem Tod das Wort: Zu der Vortragsbezeichnung »ersterbend« spielen die Streichinstrumente nicht anders, als ob sie das Erlöschen von Herz- und Pulsschlag darstellen wollten. Das vierfache Piano der ersten Violinen ganz am Schluss sollte eigentlich nicht mehr hörbar, sondern nur noch zu ahnen sein.

Muss man, um ernst genommen zu werden, solchen Aufwand treiben wie Mahler in der *Sinfonie der Tausend*? Stößt nicht auch ein Pianissimo auf offene Ohren? Die Sinfonik des 19. Jahrhunderts, die in Mahler ihren letzten Vertreter hat, will ausloten, wozu Musik sowohl mit vielen als auch mit wenigen Stimmen fähig ist. Der Welt soll das eigene Ich gegenübergestellt werden – mit allen seinen Höhen und Tiefen, Gefühlen des Glücks und der Einsamkeit. Das ist nicht mehr – wie bei Haydn und Mozart – die Stimme des trotz aller Widersprüche letztlich versöhnungsbereiten Menschen. Vielmehr schreit dieser Mensch aus tiefstem Herzen nach Erlösung. Kunst ist zu einer zweiten Religion geworden.

Die hier skizzierte Entwicklung hat einerseits etwas mit Technik zu tun: Ehe eine *Sinfonie der Tausend* geschrieben werden konnte, mussten hundert Jahre Kompositionsgeschichte ins Land gehen, die ihrerseits mit einer gewaltigen Vergrößerung des Orchesterapparats und einem erhöhten Interesse des Publikums an monumentaler Selbstdarstellung verbunden war. Dieser Prozess hat andererseits eine ideengeschichtliche Komponente. Denn so wichtig es ist, dass ein Komponist sein Handwerk beherrscht und, was unser Thema betrifft, mit der großen Form der Sinfonie wirkungsmächtig umgehen kann, so gültig bleibt die Einsicht: Die Form eines Kunstwerks ist immer die Form ihres Inhalts. Und dieser Inhalt ist mitbestimmt von den Ideen, die eine Zeit bewegen.

WER ÜBER MUSIK ernsthaft mitreden oder die Beschäftigung mit ihr gar zu seinem Beruf machen will, muss beides im Auge haben: Technik und Gehalt. Ohne Kenntnis kompositorischer Zusammenhänge kommt man über bloßes Schwärmen oder Schwätzen kaum hinaus; ohne Fragen nach Idee und Gehalt wird die Beschäftigung mit Musik schnell zu einer langweiligen und abstrakten Spezialistentätigkeit, die mit unserem Erleben nicht viel zu tun hat.

In diesem Sinne hat Arnold Schönberg einmal einem Schüler geschrieben: »Die [Zwölfton-]Reihe meines Streichquartetts hast du bis auf eine Kleinigkeit richtig herausgefunden. Das muss eine sehr große Mühe gewesen sein, und ich glaube nicht, dass ich sie aufbrächte. Nach meiner Überzeugung kann es für einen Komponisten, der sich in der Benützung der Reihen noch nicht gut auskennt, zwar eine Anregung sein, wie er verfahren kann. Aber die ästhetischen Möglichkeiten erschließen sich von da aus nicht, oder höchstens nebenbei.«

Ein Held, ein Schelm und dreizehn Prinzessinnen
Über Programmmusik und Tanztheater

Die Sinfonie des 19. Jahrhunderts kommt, wie wir gerade sahen, nicht ohne große Ideen aus. Doch ebenso wenig will sie solchen Ideen umstandslos zu Diensten sein; denn sie fühlt sich »autonom« und »absolut«, interessiert sich nicht nur für »Inhalt«, sondern auch für »Form«. Demgemäß halten viele Komponisten beharrlich an der Tradition der Viersätzigkeit fest. Vor allem vor den Deutsch-Österreichern unter ihnen reckt sich ein warnender Zeigefinger in die Höhe: »Vergesst nicht, dass ihr mit Tönen keine Romane schreibt, sondern klingende Architektur schafft. Stellt euch also eine Sinfonie als ein Ensemble von vier unterschiedlichen Gebäuden vor.«

Nach Beethoven haben sich Schubert, Brahms und Bruckner fast vollständig, Mahler zumindest noch gelegentlich an diese Regel gehalten. Schon Schumann allerdings bricht aus: Seine d-Moll-Sinfonie ist zwar dem Grundriss nach viersätzig, die einzelnen Sätze gehen jedoch ohne Pause ineinander über. Und die fünf Sätze seiner *Rheinischen Sinfonie* deutet ein zeitgenössischer Rezensent geradewegs als eine Folge von Bildern aus dem rheinischen Leben.

Da hat die Viersätzigkeit als formales Prinzip ausgedient; an ihre Stelle tritt nun tatsächlich eine Art musikalischer Roman in mehreren Kapiteln. Was er erzählt, soll freilich das Geheimnis des Komponisten bleiben: Hauptsache, der Sinfonie liegt eine schlüssige Abfolge charakteristischer Stimmungen zugrunde.

Franz Liszt, ein Altersgenosse Schumanns, ist mit diesem Konzept nicht zufrieden und propagiert stattdessen die Gattung der »Sinfonischen Dichtung«. Mit deren Hilfe will er die »Großtaten eines mit hohen menschlichen Tugenden begabten Helden« zum

Thema machen und somit das Orchester darstellen lassen, was bisher der Maler gemalt, der Barde besungen und der Dramatiker auf die Bühne gebracht hat.

Warum entwickelt Liszt, der bis dahin vor allem als Klaviervirtuose Triumph über Triumph gefeiert hat, einen solchen Ehrgeiz gerade seit etwa 1849 – also im Zuge der bürgerlichen Revolution? Nachdem diese äußerlich gescheitert ist, will Liszt, einer ihrer entschiedenen Verfechter, dazu aufrufen, nicht zu resignieren, vielmehr im Raum der Kultur anzupacken, was in der Politik nicht erreicht worden ist.

Um voranzukommen, braucht die Menschheit, so meint er, nunmehr große historische Vorbilder. Und nicht nur auf bildender Kunst und Literatur, sondern auch auf der Musik ruhe die Verpflichtung, in diesem Sinn Volksbildung zu betreiben. Also komponiert er, um seine Hörer aufzurütteln und für höhere Ideale empfänglich zu machen, »Sinfonische Dichtungen«. Sie stehen in der Tradition Beethoven'scher Sinfonik, sind jedoch viel konkreteren Themen gewidmet: Seiner Orchesterkomposition *Mazeppa* gibt Liszt beispielsweise ein Gedicht des französischen Romanciers Victor Hugo bei, das erläutern soll, was in der Musik geschieht. Demgemäß gehören Liszts sinfonische Dichtungen zu einer Gattung, die man später »Programmmusik« nennen wird.

Was hat Liszt – und mit ihm viele romantische Dichter und Maler – an der Gestalt des ukrainischen Kosakenführers, des Hetmans Mazeppa, fasziniert, der von 1652 bis 1709 lebte und sein Land vor der Übermacht des russischen Großreichs zu schützen versuchte? Es ist vor allem Mazeppas Jugendgeschichte: Nachdem dieser eines Verhältnisses mit einer polnischen Adeligen überführt worden war, wurde er von deren Ehemann mit dem Rücken auf ein wildes Pferd gebunden und in die Steppe gejagt. Wie es weitergeht, beschreibt Victor Hugo in seinem Gedicht:

… Und nach dem rasenden Ritt dreier Tage,
Der sie durch Wüsten, Steppen und Hage
Über Eisbrücken trug,
Hinstürzt das Ross bei der Vögel Rufe,
Es löschen die Blitze, die mit dem Hufe
Aus den Steinen es schlug.

Und doch! der sich windet im Staub und ächzet,
Der lebende Leichnam, von Raben umkrächzet,
Wird ein Herrscher, ein Held!
Als Herr der Ukraine wird er einst streiten
Und reichlich Mahlzeit den Geiern bereiten
Auf blutigem Feld.

Ihm blühet Größe aus Qual und Leiden,
Der Mantel des Hetmans wird ihn umkleiden,
Daß sich alles ihm neigt.
Der Zelte Volk wird huld'gend sich scharen
Um seinen Thron, ihn begrüßen Fanfaren,
Wenn er herrlich sich zeigt.

Die wilde Lebenskraft eines »Genies«, das sich der herrschenden Moral zunächst beugen muss, jedoch allen Anfeindungen trotzt und letztlich als Volksheld triumphiert – sie ist es, die Liszt seiner Zeit als Vorbild hinstellt und mit vielen blendenden Orchestereffekten in Musik setzt. Die Komposition wird von dem Peitschenknall eröffnet, mit welchem das Pferd in die Steppe gejagt wird, und endet mit der Huldigung Mazeppas durch die Kosaken. Dazwischen taucht das Mazeppa-Thema in allen möglichen Variationen auf: erregt, kämpfend, leidend, ermattet, grandios. Auch auf diese Weise, scheint Liszt den Anhängern der »reinen« Sinfonik sagen zu wollen, kann man motivisch-thematische Arbeit betreiben. Und zugleich lassen sich neue Hörerschichten für das Sinfoniekonzert gewinnen.

Till Eulenspiegel, dem Richard Strauss fast fünfzig Jahre später seine sinfonische Dichtung *Till Eulenspiegels lustige Streiche* widmet, ist ein Schelm. Zwar hat der aufstrebende junge Kapellmeister nichts gegen Helden – bald darauf wird er die Tondichtung *Ein Heldenleben* komponieren. Doch diesmal, im Jahr 1895, soll es vergnüglich werden; und Strauss studiert die alte Volksüberlieferung von jenem Dyl Ulenspiegel, der im 14. Jahrhundert in Norddeutschland sein Wesen getrieben und die Spießbürger zum Narren gehalten haben soll.

Eigentlich will Strauss dem Werk gar kein ausführliches Programm beigeben: Die Hörer sollen selbst »die Nüsse knacken« und herausfinden, welchen Streich die Musik jeweils zum Thema macht. Und so telegrafiert er dem Rat suchenden Dirigenten der Uraufführung kurz und bündig: »analyse mir unmoeglich. aller witz in toenen ausgegeben.«

Doch dann lässt er sich doch zu einigen Andeutungen überreden: »Es war einmal ein Schalksnarr … Namens Till Eulenspiegel … Der war ein arger Kobold … Auf zu neuen Streichen … Wartet nur, ihr Duckmäuser … Hopp! zu Pferde mitten durch die Marktweiber … Mit Siebenmeilenstiefeln kneift er aus … In einem Mauseloch versteckt … Als Pater verkleidet trieft er von Salbung und Moral … Doch aus der großen Zehe guckt der Schelm heraus.« So geht es weiter bis zum tragikomischen Ende: »Das Gericht … Er pfeift gleichgültig vor sich hin … Hinauf auf die Leiter! Da baumelt er, die Luft geht ihm aus, eine letzte Zuckung. Tills Sterbliches hat geendet.«

Dass Strauss dieses »Programm« nur ungern herausgegeben hat, dürfte nicht zuletzt an seiner – berechtigten – Eitelkeit gelegen haben: Wie er selbst einmal überspitzt formulierte, traute er sich zu, eine Speisekarte so zu vertonen, dass man die Gerichte wiedererkennen könne. Und tatsächlich bekommt man auch ohne ausführliches Programm mit, dass der Anfang seines musikalischen Schelmenstücks ein bezaubernd auskomponiertes »Es-war-einmal« darstellt und der groteske Schluss Tills Hinrichtung. Doch halt: Ganz am Ende erklingt noch einmal das »Es-war-einmal« und signalisiert, dass dieser Eulenspiegel nicht wirklich untergegangen ist, sondern im Märchen nach wie vor unter uns weilt.

Von Köln, wo *Till Eulenspiegel* sinfonisch aus der Taufe gehoben wurde, geht es nach Paris, wo im Jahr 1910 die Tanzgruppe des russischen Theaterleiters Sergej Djagilev ein fortschrittlich eingestelltes Publikum begeistert. Der experimentierfreudige Djagilev hat einen bis dahin fast unbekannten Russen gebeten, die Musik zu einem Ballett mit dem Titel *L'oiseau de feu* oder *Der Feuervogel* zu komponieren; und damit wird er zum künstlerischen Durchbruch dieses noch nicht dreißigjährigen Russen namens Igor Strawinsky beitragen … und zum Siegeszug einer neuen Gattung des Bühnentanzes. Denn der *Feuervogel* ist kein herkömmliches Ballett, sondern modernes Tanztheater – ganz nach dem Geschmack des damals hoch bewunderten Ausdruckstänzers Vaclav Nijinskij.

Im traditionellen Ballett ist die Musik, so schön und kunstvoll sie sein mag, nur das Fundament für eine Choreographie, die notfalls auch zu einer ganz anderen Komposition passen würde. Im Ausdruckstanz dagegen bilden Musik und Bewegung eine unauflösliche Einheit. Die Musik erhält die Aufgabe, die Tänzerinnen und Tänzer bis in jede Faser ihres Körpers mit jenen nuancierten Eindrücken, Stimmungen und Bewegungen zu durchtränken, welche die Handlung vorgibt. Und solches gelingt Strawinsky bereits in seinem ersten für Tanztheater komponierten Werk, dem *Feuervogel*, vortrefflich.

Die Handlung beruht auf einem russischen Märchen: Während einer Jagd gerät Iwan, der Sohn des Zaren, in den Zaubergarten Kastcheis, eines unreinen Riesen mit grünen Fingern. Den Zauberer, der schon viele junge Prinzessinnen verwünscht und eingesperrt hat, bekommt Iwan freilich zunächst nicht zu Gesicht. Dafür fällt sein Blick auf einen in allen Farben schillernden Vogel, der in den Zweigen des Zauberbaumes sitzt. Iwan fängt ihn ein, gibt ihn aber wieder frei, als ihm der Vogel eine seiner Federn als Talisman lässt. Nun erblickt er auch die dreizehn Prinzessinnen; doch als er sich gerade in die schönste von ihnen verliebt hat, taucht Kastchei auf. Mit Hilfe der Zauberfeder vermag Iwan ihn und seine Untertanen zu einem Höllentanz zu zwingen, nach dessen Ende die Beteiligten erschöpft zu Boden sinken. Jetzt kann der Prinz das Lebensei des Zauberers zerstören und seine auserwählte Prinzessin heimführen.

Zu dieser Handlung erfindet der Komponist eine Musik, die einerseits Motive aus russischer Folklore aufnimmt, andererseits Rhythmen und Orchesterfarben so neuartig und funkelnd mischt, dass sich die Tänzer fragen, ob sich das alles in Bewegung umsetzen lasse. Doch der Komponist begleitet sie während der Proben am Klavier und gibt freundliche Anweisungen; die Tanzstars sind sich ihrerseits nicht zu gut, Rat anzunehmen. Der Premierenerfolg ist groß. Als Strawinsky allerdings von Claude Debussy, dem damaligen Pariser Musikpapst, ein Wort des Lobes hören will, bekommt er nur die säuerliche Antwort: »Was wollen Sie, mit irgendetwas muss man ja schließlich anfangen!«

»Ich habe immer einen Abscheu davor gehabt«, wird Strawinsky später sagen, »Musik mit geschlossenen Augen zu hören, also ohne dass das Auge aktiv teilnimmt. Wenn man Musik in ihrem vollen Umfang begreifen will, ist es notwendig, auch die Gesten und Bewegungen des menschlichen Körpers zu sehen, durch den sie hervorgebracht wird.« Ein Komponist seines Schlages schreibt natürlich gern Musik, die ihr Bewegungspotenzial nicht nur auf die ausführenden Musiker, sondern auch auf ein Tanzensemble überträgt. So nimmt es nicht wunder, dass der

Feuervogel nicht Strawinskys einzige Komposition für das Tanztheater geblieben ist: Es folgen *Le Sacre du Printemps* (*Das Frühlingsopfer*), *Petruschka* und viele andere Stücke. Strawinskys wohl originellste »Ballettmusik« ist die Zirkuspolka für einen jungen Elefanten.

Der zu seiner Zeit hoch angesehene Wiener Musikkritiker Eduard Hanslick nahm in seine 1854 erschienene Schrift *Vom Musikalisch-Schönen* den programmatischen Satz auf: »Der Inhalt der Musik sind tönend bewegte Formen.« Das war als Werbung für die sogenannte absolute Musik zu verstehen und auch gegen ein Werk wie *Mazeppa* gerichtet, das Hanslick geradezu verachtete: »Alle sinfonischen Dichtungen Liszts hängen sich an den Rockschoß eines berühmten Dichters oder Malers und lassen sich, musikalisch selber flügellahm, von jenen weiterschleppen. Das ist die Methode: den Mangel an musikalischer Gestaltungskraft, an großen, von innen heraus bewegten und bewegenden Ideen maskieren sie mit blendenden Orchestereffekten.«

Ganz anders hat sich hundert Jahre später der bedeutende russische Sinfonien-Komponist Dmitri Schostakowitsch über *Till Eulenspiegels lustige Streiche* von Richard Strauss geäußert: »Die großen Klassiker der Vergangenheit schrieben viel Programmmusik; ich nenne Liszt, Tschaikowski, Rimski-Korsakow. Diese Komponisten drangen tief in das Wesen des dargestellten Programmes ein. Wir können darin einiges von ihnen lernen. So hat Richard Strauss in seiner prachtvollen sinfonischen Dichtung *Till Eulenspiegel* seine Hauptgestalt fast naturalistisch gezeichnet, zugleich aber auch eine gute Idee klar zum Ausdruck gebracht.«

Wenn Schostakowitsch hier von einer »guten Idee« spricht, meint er vermutlich die Sympathie des Komponisten Strauss für einen Außenseiter, der mit seinen Streichen den Spießbürgern ein Schnippchen schlägt und sich nicht unterkriegen lässt, solange er nicht am Galgen baumelt. Ohne es auszusprechen, sieht Schostakowitsch sich damals in einer vergleichbaren Rolle gegenüber dem stalinistischen System, das er als Mensch und Künstler unter anderem durch allerlei Eulenspiegeleien leidlich überstanden hat.

Man sieht: Es muss keine »echte« Heldengestalt sein, deren musikalische Darstellung Mut macht; in einer bestimmten Situation kann das auch ein Schelm. Und warum sollte es nicht auch einmal das Märchen vom Feuervogel tun, in dem Licht und Anmut über Finsternis und Bosheit siegen!

ANSTATT PROGRAMMMUSIK mit Gönnermiene zu begegnen, sollte man sich über die Funktion der »Programme« klar werden. Viele Komponisten widmen sich dem Genre, weil ein Programm ihre Phantasie beflügelt und ihnen zudem Hoffnung gibt, vom Publikum leichter akzeptiert und verstanden zu werden. Gleichermaßen lieben auch viele Hörer die Verbindung von Musik mit einer Geschichte, einem Bild oder einer tänzerischen Darstellung, weil sie sich davon eine ganzheitliche, eine »polyästhetische« Kunsterfahrung erwarten.

Wer wollte dem widersprechen? Vermutlich hat selbst der kleine Schroeder aus den *Peanuts*, wenn er zu Hause seine Brahms-Sinfonie hört, schöne Phantasien. Doch die will er für sich behalten; und das ist sein gutes Recht.

Auf einem Punkt haben freilich fast alle Komponisten bestanden; und da könnten wir uns ihnen anschließen: Ebenso wenig, wie ein origineller Titel ein gutes Buch garantiert, gewährleistet ein interessantes Programm gute Musik. Wenn sich Liszts *Mazeppa*, Strauss' *Till Eulenspiegel* oder Strawinskys *Feuervogel* nicht auch unabhängig von ihrem Programm hören lassen könnten, wäre etwas faul im Staate Dänemark. Das ist wie beim Eiskunstlauf: Die Komposition ist die »Pflicht«, die von jedem beherrscht werden muss; der Zusammenhang mit einem Programm versteht sich als »Kür«, die einen zusätzlichen Genuss bereiten kann.

Ich selbst liebe beides: die strengen Gänge einer Bach'schen Fuge, bei denen man mehr an abstrakte Konstruktionen als an phantastische Geschichten denkt; und die schillernden Töne, zu denen der Feuervogel sein Gefieder ausbreitet.

Alles andere als ein Großmaul
Franz Schubert und seine Lieder

Wer mich nach meinen »Lieblingskomponisten« fragt, bekommt keine Antwort: Jeder, der auch nur ein großes Werk geschrieben hat, ist dadurch in meinen Augen zu einem Schöpfergott geworden – und wie viele könnte ich da aufzählen!

Wer jedoch wissen will, wessen Musik mir besonders nahekommt, dem nenne ich an erster Stelle Franz Schubert. Denn der erscheint mir wie ein Bruder, den man liebt, obwohl er anders ist als man selbst, dessen Schutzlosigkeit einen anrührt und bei dessen Musik man ganz still wird – so scheu, so tröstlich, so todtraurig und doch so blühend ist sie. Es gibt Menschen, vor allem Kinder, denen man nicht böse sein kann, wenn sie einen nur anschauen. Und es gibt Musik, die direkt ins Herz trifft … ohne es darauf anzulegen. Da könnte man weinen – zum Beispiel beim Anfang des Streichquartetts in a-Moll: Eine schwermütige kleine Melodie senkt den Blick, um ihn wenig später tapfer auf die Dominante zu richten, dann aber schnell zu sich zurückzukehren. Doch halt: In der Wiederholung gibt diese schwermütige kleine Melodie durch eine winzige Änderung, nämlich durch einen Aufschwung zur kleinen Sext, zu erkennen, wie viel Wünschen und Hoffen da noch ist!

Beethoven würde in einer solchen Situation – von seinen letzten Quartetten abgesehen – viel argumentativer vorgehen. Schubert hört in sich hinein, bläst sich aber niemals auf. Wie beschreibt es Robert Schumann so schön: »Ein äußerst charakteristischer Zug in Schuberts Polonaisen ist, wie in den meisten übrigen seiner Kompositionen, dass er zu seinen schönsten Stellen nie ein Wort wie *dolce* setzt.«

Überhaupt spricht Schubert nur selten über die eigene Musik.

Natürlich weiß er, was er kann, und seine Freunde sagen es ihm täglich aufs Neue. Doch für ihn gibt es augenscheinlich Größere – den »unsterblichen Mozart«, wie Schubert ihn in seinem Tagebuch schwärmerisch nennt, oder Beethoven, über den er seufzt: »Wer vermag nach ihm noch etwas zu machen?«

Beethoven wirkt damals, zur Zeit der Befreiungskriege und des Wiener Kongresses, im Großen, wird vom Volk und von den höchsten europäischen Würdenträgern gleichermaßen gefeiert. Schubert, dessen Körpergröße mit »4 Schuh, 11 Zoll, 2 Strich« (das entspricht 155 cm) angegeben wird, wirkt derweilen im Kleinen. Im Jahr 1814, als Beethoven gerade mit seiner *Siebten* und dem »Schlachtengemälde« *Wellingtons Sieg* triumphiert und zur Darstellung von Gewehrschüssen und Kanonendonner je zwei spezielle Ratschen und große Trommeln eingesetzt hat, komponiert er *Gretchen am Spinnrade* auf die Verse Goethes »Meine Ruh ist hin, mein Herz ist schwer«.

Damit wird Schubert zum Schöpfer des romantischen Klavierlieds – einer Gattung, die von den Franzosen liebevoll »Le lied« genannt wird, weil ihr eigenes Wort »Chanson« deren Wesentliches nicht recht treffen will. Doch der Siebzehnjährige ist damals nahezu unbekannt. Als er die Reinschrift mit dem Datum »19. Oktober 1814« versieht, um sie danach bis auf Weiteres in die Schublade zu legen, ist erst ein einziges seiner Werke öffentlich erklungen, die F-Dur-Messe.

Sein bisheriges Leben war nicht leicht. Der Vater, ein Lehrer, später Schulleiter, bringt seine Familie nur mühsam durch und herrscht mit großer Strenge über sie. Neun von Franz' dreizehn Geschwistern sterben schon im Kindesalter. Auch die geliebte Mutter verliert er; da ist er allerdings schon ins Kaiserliche Konvikt gegeben worden – ein Internat für musikbegabte Jungen und Urheimat der heutigen Wiener Sängerknaben. Dort kann er immerhin seinen musikalischen Neigungen nachgehen: »Ganz ruhig und wenig beirrt durch das im Konvikte unvermeidliche Geplauder und Gepolter seiner Kameraden um ihn her«, so erinnert sich Mitschüler Albert Stadler später, »saß er am Schreibtischchen vor dem Notenblatte und dem Textbuche niedergebeugt (er war kurzsichtig), biss in die Feder, trommelte mitunter prüfend mit den Fingern und schrieb leicht und flüssig ohne viel Korrekturen fort.«

Ein guter Schüler ist er nicht. Vor allem hapert es mit der Mathematik. So scheint ihm ein Verweilen im Konvikt, wo er immerhin die Universitätsreife hätte erlangen können, über den Stimmbruch hinaus nicht angemessen. Stattdessen absolviert er eine einjährige Ausbildung zum einfachen Lehrer. Schon im Sommer 1814 hat er sein – recht mäßig ausgefallenes – Zeugnis in Händen. Es enthält Noten in den theoretischen Fächern »Grundsätze der Unterweisung«, »Kurrentschrift«, »Latein«, »Kanzelei«, »Rechtschreibung«, »Aussprache«, »Deutsche Sprachlehre«, »Rechenkunst«, »Religionslehre«. Außerdem werden Schubert unterrichtspraktische Fähigkeiten in den Disziplinen »Buchstabenkennen«, »Lesen«, »Rechtschreiben«, »Diktando-Schreiben«, »Deutsche Sprachlehre«, »Rechenkunst« und »Religion« bescheinigt.

Frisch examiniert, findet er sich als sechster Gehilfe in der Schule seines Vaters wieder. Später wird er einräumen: »Es ist wahr, stets wenn ich dichtete [= komponierte], ärgerte mich die kleine Schülerbande so sehr, daß ich regelmäßig aus dem Konzept kam. Natürlich verhaute ich sie dann tüchtig.«

Das klingt zwar spaßig, ist jedoch in Wahrheit alles andere als lustig – weder für die betroffenen Schüler, von denen hier nicht weiter die Rede sein kann, noch für den jungen Hilfslehrer, der seinen Beruf nur schwer erträgt. Schubert nimmt Stunden beim Hofkapellmeister Salieri, er verliebt sich in die junge Therese Grob, die in seiner F-Dur-Messe das Sopran-Solo singt, und wird sie irgendwann aus den Augen verlieren – oder sie ihn. Weiterhin im elterlichen Haus am Himmelpfortgrund wohnend, schreibt er allein in den Jahren 1815 und 1816 neben Singspielen, Streichquartetten, Klaviersonaten und manchem anderen um die 250 Lieder. Wie viele Gedichtsammlungen und Almanache muss er sich besorgt oder im Freundeskreis kennengelernt haben, um die passenden Texte zu finden? Kein Gedanke also, dass Schubert sich für nichts als Musik interessiert hätte und ansonsten geistig träge oder ungebildet gewesen wäre!

Freunde überreden ihn, eine Sammlung von sechzehn Goethe-Vertonungen – darunter *Gretchen am Spinnrade, Der Erlkönig* und *Das Heidenröslein* – dem Dichterfürsten persönlich zuzusenden. Doch der antwortet nicht, wird vermutlich mit Aufmerksamkeiten dieser Art überschüttet. Im Sommer 1816 hält es der junge Komponist in der Schule des Vaters nicht mehr aus; er zieht in die Wiener Innenstadt, um sein Glück als freier Künstler zu versuchen.

Freund Schober, der nicht nur über ein Vermögen, sondern auch über eine geräumige Wohnung verfügt, nimmt ihn für ein gutes Jahr auf. Eine eigene Wohnung wird Schubert niemals haben, bestenfalls ein möbliertes Zimmer. Von Juli bis November 1818 unterrichtet er die Töchter des Grafen Karl Esterházy auf dessen ungarischem Gut. Danach wohnt er zunächst bei Freund Mayrhofer, dann wieder bei Schober, und so weiter und so fort …

Langsam steigt sein Ansehen – zumindest in der Vaterstadt Wien. Bald gibt man zu seinen Ehren gesellige Musikabende, für die sich der Name »Schubertiade« einbürgert. Josef Huber, der ebenfalls zu Schuberts Freundeskreis gehört, berichtet seiner Braut am 30. Januar 1821 von der vermutlich ersten Veranstaltung dieser Art: »Da wurde eine Menge herrlicher Lieder Schuberts von ihm selbst gespielt und gesungen, was bis nach 10 Uhr abends dauerte. Hernach wurde Punsch getrunken, den einer aus der Gesellschaft gab, und da er sehr gut und in Menge da war, wurde die ohnedies schon fröhlich gestimmte Gesellschaft noch lustiger, so wurde es 3 Uhr morgens, als wir auseinander gingen.«

Während Schubert sich in größerem Kreis eher still verhält und am liebsten am Klavier verharrt, kann er unter Freunden durchaus vergnügt sein. Doch so ausgiebig auch gefeiert und gezecht wird: Die Kunst bildet den Dreh- und Angelpunkt. Immer wieder diskutieren die jungen Dichter, Literaten und Maler – unter ihnen Moritz von Schwindt – ernsthafte, zukunftsweisende Projekte, zum Beispiel die Gründung der Zeitschrift *Beiträge zur Bildung von Jünglingen*.

Da kommt die Politik ins Spiel. Denn in ihrer Tendenz richtet sich diese Zeitschrift gegen die Unterdrückung, mit der die Regierenden im »Vormärz« ihre undemokratische Herrschaft zu sichern suchen. Schuberts Freund Johann Chrysostomus Senn wird eines Tages als Verschwörer verurteilt, Schubert selbst aus diesem Anlass von der Polizei verhört. In Gedichten versucht er, sich den Druck von der Seele zu schreiben.

Es sind keine glücklichen Zeiten; und bei aller Geselligkeit und Freude am Augenblick leidet Schubert immer wieder unter Einsamkeit und Schwermut. Im März 1824 notiert er in seinem Tagebuch: »Keiner, der den Schmerz des andern, und keiner, der die Freude des andern versteht! Man glaubt immer, zueinander zu gehen, und man geht immer nur nebeneinander. O Qual für den, der dies erkennt!«

Im Jahr zuvor hat sich der junggesellenhaft lebende Komponist wie sein Freund Schober mit einer Geschlechtskrankheit angesteckt und mehrere Wochen im Krankenhaus zugebracht. Anschließend verliert er – vermutlich wegen der damals üblichen Behandlung mit Quecksilber – sein Haar und trägt eine Perücke. Sein Immunsystem ist künftig so geschwächt, dass er wenige Jahre später eine Erkrankung an Bauchtyphus nicht überleben und im Alter von 31 Jahren sterben wird.

Da ist er als Komponist gottlob nicht mehr unbekannt, und selbst Beethoven hat seine Musik inzwischen wohlwollend zur Kenntnis genommen. Auch sein Einkommen ist zuletzt gestiegen; insgesamt summiert es sich in den Jahren von 1816 bis 1828 auf knapp neuntausend Gulden; das entspricht, aufs Jahr umgerechnet, fast dem Gehalt eines Wiener Vize-Hofkapellmeisters. Doch was hilft das einem, der gleich Mozart und Beethoven mehr oder weniger chaotisch lebt, binnen elf Jahren ungefähr siebzehnmal die Wohnung wechselt und jeden seiner Freunde freihält, sobald er nur etwas Geld in der Tasche hat!

Nahezu eintausend Nummern umfasst das nach dem Wiener Schubert-Forscher Otto Erich Deutsch benannte »Deutsch-Verzeichnis« seiner Werke; sämtliche damals gängigen musikalischen Gattungen sind darin vertreten. Freilich besagen solche Zahlen und Daten nur wenig. Näher kommen wir Schuberts Kunst, indem wir an eine Tagebucheintragung aus dem Jahr 1824 anknüpfen: »Meine Erzeugnisse sind durch den Verstand für Musik und durch meinen Schmerz vorhanden.«

Für den Schmerz gibt es gewiss genug persönliche Gründe. Und doch ist er Teil einer kollektiven Trauer über den Verlust des Paradieses, die Kälte der Welt und das Sich-fremd-Werden des Menschen. Gerade weil sie darin so unverstellt und ehrlich ist, nimmt man Schuberts Musik auch ihre eher verschwiegene Heiterkeit ab: Es ist die Heiterkeit eines Künstlers, der seinen eigenen Schmerz immer wieder zurückstellen und etwas von der Schönheit des Daseins einfangen kann.

Schubert kennt nicht die Triumphe, die der »heroische« Beethoven feiert. Selbst im Finale seiner letzten vollendeten Sinfonie, der »großen« in C-Dur, gibt es kein Es-ist-erreicht; vielmehr folgt dem festlichen Jubel des Anfangs ein schlenderndes Seitenthema, das die Vorstellung aufkommen lässt, der Komponist stehle sich leise pfeifend aus dem Saal hinweg, weil er den von ihm selbst angefachten Jubel nicht länger aushält!

Um gut zu komponieren, genügt es freilich nicht, dass man sich im eigenen Schmerz auskennt. Man braucht auch Verstand für Musik. Damit meint Schubert sicherlich nicht bloßen Sachverstand, sondern etwas, das man nicht lernen kann: Das eigene Selbst in Musik so auszudrücken, dass es die Hörer ahnen: »Das ist Schubert, doch das bin auch ich!«

Besonders in seinen Klavierliedern gelingt es Schubert, mit seinen Hörerinnen und Hörern einen gemeinsamen Weg zu gehen, denn hier stiftet bereits der Text Gemeinsamkeiten. »Fremd bin ich eingezogen, fremd zieh ich wieder aus«, heißt es zu Anfang der *Winterreise*, seines bedeutendsten Liederzyklus. Da fragt man nicht viel, wer sich wohl hinter diesem »Ich« verberge: Wir sind es – Schubert und ich. Richtet sich eine große Sinfonie an alle im Saal, so hat man bei einem Schubert-Lied, das ja ganz aus dem privaten Musizieren hervorgewachsen ist, zu Recht den Eindruck: »Ich bin gemeint.«

Das gilt auch, wenn Gretchen singt »Meine Ruh ist hin, mein Herz ist schwer« und wenn die zugehörige Klavierbegleitung das Spinnrad so »erregt« surren lässt, dass jeder spürt: Hier spiegelt sich ein ganzes Lebensgefühl. Auf neuartige Weise stellt Schubert zwei kompositorische Ebenen gegeneinander. Die Singstimme verdeutlicht, was aktuell vorgeht: Eine verliebte junge Frau lässt ihren Gefühlen am Spinnrad freien Lauf; auf dem Höhepunkt des Spannungsbogens – »und ach, sein Kuss« – verdeutlicht der Spitzenton g ganz unmittelbar, wie hingerissen sie trotz aller bangen Ahnungen ist. Und das Klavier »begleitet« nicht nur, es holt vielmehr durch seine drängende Bewegung tiefergehende Erfahrungen an die Oberfläche: unser aller Unruhe in der Liebe oder – allgemein – jenen unaufhaltsamen Urtrieb, den Sigmund Freud das »Es« genannt hat.

Auch im *Doppelgänger*, der Vertonung eines Heine-Gedichts, taucht an entscheidender Stelle der Spitzenton g auf. Doch diesmal, in einem der letzten Lieder Schuberts, geht es nicht um die

Entzückungen erster Liebe, sondern um einen von Liebesschmerz zerrissenen Menschen, der noch einmal an die Stätte seines einstigen Kummers zurückkehrt und dort seinen »Doppelgänger« vorfindet – sein anderes Ich, das diesen Ort niemals verlassen hat. Es ist schon eindrucksvoll genug, wie der Sänger bei den Worten »Der Mond zeigt mir meine eig'ne Gestalt« das Grauen im dreifachen Forte geradezu herausschreit; doch was wäre das ohne den Schreckensakkord des Klaviers, der mit den Mitteln traditioneller Harmonielehre kaum zu erklären ist. Man hat berichtet, dass Schubert, als er das Lied wenige Wochen vor seinem Tod selbst vortrug, zur Verstärkung des schaurigen Effekts zunächst alle erreichbaren Tasten nach Art eines Clusters niedergedrückt und anschließend die sieben notierten Akkordtöne stehen gelassen habe.

Wie in vielen seiner Lieder bringt der Komponist auch im *Doppelgänger* durch die Klavierbegleitung seelische Vorgänge zur Sprache. Hier geschieht es mit Hilfe des immer wiederkehrenden, »ostinaten« Motivs h – ais – d – cis, das fast tonbuchstabengetreu an den *»Kreuzige«-Chor* aus Bachs *Matthäuspassion* erinnert und schon dadurch verdeutlicht, dass es Schubert nicht nur um einen eindrucksvollen Gesangsvortrag geht. Vielmehr beschwört er Erfahrungen menschlichen Leids, die in der Musikgeschichte eine tiefe und lange Spur hinterlassen haben. Wer es bis dahin noch nicht wahrhaben wollte, merkt es spätestens jetzt: Da ist kein naiver »Liedermacher« am Werk, sondern ein Komponist, dessen Kunst darin besteht, »Singen« und »Denken«, »Sichverströmen« und »Sichreflektieren« in ein und demselben Werk zu verbinden. Schuberts Selbsteinschätzung, seine Musik gebe es durch seinen »Schmerz« und durch seinen »Verstand für Musik«, erweist hier ihre spezielle Wahrheit.

SCHAUT MAN AUF DAS LEBEN vieler bedeutender Komponisten, so mag man ihre Werke als einen »Schatz in irdenen Gefäßen« betrachten: Wie viel Problematisches und Düsteres gibt es da immer wieder. In seinem Essay *Leiden und Größe der Meister* vertritt Thomas Mann die Meinung, dass Größe ohne Leiden gar nicht zu haben sei. Darüber kann man streiten. Doch eins ist sicher: Die »große« Musik des 19. Jahrhunderts wäre ohne solches Leiden nicht zustande gekommen.

Schuberts Leiden erscheint besonders menschlich: Weil er ganz in seiner Kunst lebt, »passt er nicht auf«, was die Dinge der Welt angeht. Bei aller Intelligenz identifiziert er sich nicht mit der Schule, er achtet nicht auf seine Karriere, er hält sein Geld nicht zusammen, er besucht sorglos das Bordell und holt sich die Syphilis – heute wäre es Aids. Er ist das Gegenteil von dem, was man in unserer Gesellschaft sein »soll« – clever und großmäulig zugleich. Doch während die meisten cleveren Leute von heute schon morgen vergessen sind, hören Millionen Menschen die Lieder der *Winterreise*, *Gretchen am Spinnrad* oder den *Doppelgänger* noch nach rund 200 Jahren.

Lieder mit Geschichte
Freiheitsgesänge aus dem Vormärz

»Zahme Vögel singen von der Freiheit, wilde Vögel fliegen.« Ein Poster mit diesem Spruch hing lange Zeit in meiner Studentenbude; nachdenklich wurde ich allerdings erst, als jemand fragte: »Und du – singst du noch oder fliegst du schon?« Später lernte ich das dazu passende Gedicht kennen:

Ihr wilden Gänse habt es gut,
Ihr ziehet frei und wohlgemut
von einem Strand zum andern Strand
durchs ganze liebe deutsche Land.

Uns zahmen Menschen geht's nicht so,
wir reisten gern auch frei und froh,
ununtersucht und unbekannt
durchs ganze liebe deutsche Land.

Kaum aber sind wir fort vom Haus,
so muss auch schon der Pass heraus;
wir werden niemals sorgenfrei
vor lauter Maut und Polizei.

O, dass doch einer es erdenkt,
wie man den Luftball[on] sicher lenkt!
Hier hört nicht auf die Heuchelei –
Nur in den Lüften sind wir frei!

Auf den ersten Blick sind diese Verse von August Heinrich Hoffmann von Fallersleben nicht sonderlich aufregend. Doch im Jahre

1842 bekam man dafür in preußischen Landen Berufsverbot und Ausweisungsbescheide. »Es werden in diesen Gedichten«, urteilte die damalige Aufsichtsbehörde, »die öffentlichen und sozialen Zustände in Deutschland und vor allem in Preußen vielfach mit bitterem Spott angegriffen, verhöhnt und verächtlich gemacht. Es werden Gesinnungen und Ansichten geäußert, die bei den Lesern der Lieder, besonders von jugendlichem Alter, Missvergnügen über die bestehende Ordnung der Dinge, Verachtung und Hass gegen Landesherren und Obrigkeiten hervorrufen.«

Da ist der Dichter und Literaturprofessor Hoffmann von Fallersleben mit einem Mal brotlos und in seiner Heimat verfemt. Er irrt durch ganz Deutschland, findet zwar immer wieder bei Gesinnungsfreunden Unterschlupf, wird jedoch 39 Mal erwischt und ausgewiesen, darunter dreimal aus seinem Heimatort Fallersleben, heute ein Ortsteil von Wolfsburg. Im Mecklenburgischen muss er sich als Kuhhirte ausgeben; und keiner der eifrigen Geheimpolizisten ahnt, dass da einer vor ihnen steht, der am 26. August 1841 auf Helgoland das *Lied der Deutschen* gedichtet hat. Warum ausgerechnet auf dieser kleinen Insel, die damals noch unter britischer Hoheit steht? Weil dort keine preußischen Spitzel hindürfen, so dass man sich endlich einmal ungestört mit Gesinnungsgenossen treffen kann.

Ja, richtig – es geht um den Dichter des »Deutschlandlieds«, dessen dritte Strophe die heutige deutsche Nationalhymne bildet: »Einigkeit und Recht und Freiheit / Für das deutsche Vaterland! / Danach lasst uns alle streben / Brüderlich mit Herz und Hand!« Und da ist sie wieder, die Freiheit, um die im Vormärz und in der nachfolgenden bürgerlichen Revolution von 1848/49 so heiß gekämpft wird. Viele aufrechte Menschen möchten nicht länger als Untertanen leben, sondern sich als Bürger frei bewegen, freien Handel treiben, frei reden, Religion und Kultur frei ausüben. Sie wünschen sich einen Staat, in dem gewählte Volksvertreter die

Gesetze erlassen und unabhängige Richter Recht sprechen. Und sie kämpfen für Deutschlands Einheit: An die Stelle der 40 größeren oder kleineren Fürstentümer mit jeweils eigenem Militär, eigener Polizei, eigenen Zollbestimmungen usw. soll eine große Nation treten.

Deshalb ist die erste Strophe des *Liedes der Deutschen* nicht das, was man daraus gemacht hat, nämlich ein Dokument des Größenwahns. Vielmehr sollten die Zeilen »Deutschland, Deutschland über alles / Über alles in der Welt / Wenn es stets zu Schutz und Trutze / Brüderlich zusammenhält. / Von der Maas bis an die Memel / Von der Etsch bis an den Belt ... « ursprünglich besagen: Ein gemeinsames deutsches Vaterland, in dem Einigkeit, Recht und Freiheit herrschen, werden wir über alles lieben.

Die Landesfürsten mochten das *Lied der Deutschen* natürlich nicht, denn ein einiges deutsches Reich mit einer demokratischen Verfassung hätte sie ihre erbliche Vormachtstellung gekostet und sie mehr oder weniger zu Privatleuten degradiert. Deshalb war das *Lied der Deutschen* über viele Jahrzehnte hinweg lediglich als eine Art Untergrundhymne fortschrittlich gesinnter Menschen verbreitet. Selbst als 1871 das Deutsche Reich gegründet und damit der Kleinstaaterei ein Ende gemacht wurde, wählte man nicht das *Lied der Deutschen* zur Nationalhymne; man ließ »Heil dir im Siegerkranz, / Herrscher des Vaterlands! / Heil, Kaiser, dir!« singen. Und schon daran war abzulesen, dass dieses Kaiserreich keine demokratische Verfassung hatte, sondern die alten Herrschaftsstrukturen beibehielt.

Erst 1922, nach dem Ende des Ersten Weltkriegs und der Auflösung des Kaiserreichs, wurde das *Lied der Deutschen* anlässlich des vierten Jahrestages der demokratischen »Weimarer« Verfassung zur Nationalhymne erhoben. Doch inzwischen konnte man kaum noch guten Gewissens »Deutschland über alles in der Welt« singen – und schon gar nicht nach dem Ende des Zweiten Weltkriegs und dem Zusammenbruch des Hitler-Regimes. So war es nur folgerichtig, dass in der Bundesrepublik Deutschland nur noch die dritte Strophe des *Liedes der Deutschen* als Nationalhymne gesungen wird; denn gegen den Wunsch nach Einigkeit, Recht und Freiheit wird heute niemand etwas einzuwenden haben.

Damals, zu Zeiten Hoffmanns von Fallersleben, war das, wie gesagt, anders. Und deshalb hat er sich durch sein *Lied der Deutschen* bei den Herrschenden sein Leben lang verdächtig gemacht. Seine Breslauer Literaturprofessur bekam er auch nach der Revolution von 1848/49 nicht zurück; und es bedurfte der Fürsprache von Franz Liszt, damit er sich eine Zeitlang mit der Herausgabe der *Weimarischen Jahrbücher für deutsche Sprache, Literatur und Kunst* über Wasser halten konnte. Von 1860 bis zu seinem Tode im Jahr 1874 lebte er als Bibliothekar auf Schloss Corvey an der Weser.

Inzwischen hatten viele bekannte Komponisten seine Gedichte vertont: außer Liszt zum Beispiel Felix Mendelssohn Bartholdy, Robert Schumann und Johannes Brahms. Und was nur wenige wissen: Hoffmann von Fallersleben hat so bekannte Kinderlieder wie *Alle Vögel sind schon da, Ein Männlein steht im Walde, Winter ade, Kuckuck ruft's aus dem Wald, Morgen kommt der Weihnachtsmann* gedichtet.

Doch woher stammt die Melodie zum *Lied der Deutschen*? Als Hoffmann von Fallersleben auf Helgoland den Text schrieb, hatte er die Erschaffung einer deutschen Nationalhymne im Sinn – so utopisch der Gedanke zu diesem Zeitpunkt auch sein mochte. Da es nahelag, sich am Reimschema einer »erfolgreichen« Hymne zu orientieren, nahm er sich die österreichische Kaiserhymne *Gott erhalte Franz den Kaiser* zum Vorbild. Deren Melodie hatte Joseph Haydn im Jahr 1797 für eine neue Kaiserhymne komponiert, welche die nationale Begeisterung in der Auseinandersetzung Österreichs mit Napoleon steigern sollte.

Schon bald nach der Textveröffentlichung des *Liedes der Deutschen* zeigte sich, dass niemand es auf eine andere Weise als die Haydn'sche singen wollte. Dabei ist es dann bis heute geblieben.

Hat der engagierte Demokrat und leidenschaftliche Volksliedforscher Hoffmann von Fallersleben vom *Weberlied* gewusst, das nur drei Jahre nach seinem *Lied der Deutschen* traurige Berühmtheit erlangte? Es ist ein Freiheitslied ganz anderer Art – keine hochgestimmte Hymne, sondern eine verzweifelte und bittere Anklage gegen die im wahrsten Sinne mörderische Ausbeutung der schlesischen Weber. Der Autor ist nicht bekannt: Wäre er entdeckt worden, so hätte er mit empfindlichen Strafen rechnen müssen. Möglicherweise hat es sogar mehrere »Autoren« gegeben; und vielleicht sind einzelne Verse schon unter den Betroffenen umgelaufen, bevor jemand sie aus konkretem Anlass zu einem Lied zusammenfügte, das man als »Protestsong« verwenden konnte:

Hier im Ort ist ein Gericht,
Viel schlimmer als die Femen,
Wo man nicht mehr ein Urteil spricht,
Das Leben schnell zu nehmen.

Hier wird der Mensch langsam gequält,
Hier ist die Folterkammer,
Hier werden Seufzer viel gezählt
Als Zeugen von dem Jammer.

Die Herren Zwanziger die Henker sind,
Die Diener ihre Schergen,
Davon ein jeder tapfer schind't,
Anstatt was zu verbergen.

Ihr Schurken all, ihr Satansbrut!
Ihr höllischen Kujone!
Ihr fresst der Armen Hab und Gut,
Und Fluch wird euch zum Lohne.

Ihr seid die Quelle aller Not,
Die hier den Armen drücket,
Ihr seid's, die ihr das trockne Brot
Noch von dem Munde rücket …

Die »Herren Zwanziger«, die hier zu Henkern erklärt werden, sind Tuchfabrikanten im schlesischen Peterswaldau, wo die Revolte der Weber am 4. Juni 1844 ihren Anfang nimmt. Über die Vorgeschichte berichtet das örtliche Polizeiprotokoll noch verhältnismäßig unaufgeregt: »Am Abend des 3. Juni zogen ungefähr zwanzig Personen bei den Gebäuden der Kaufleute Zwanziger vorbei und sangen ein Spottlied auf die genannten Kaufleute; es entstand hierdurch Lärm, und der Gerichtsmann Wagner verhaftete einen Teilnehmer, den Webergesellen Wilhelm Maeder, und brachte ihn in das Polizeigefängnis. Das abgesungene Gedicht wurde ebenfalls ergriffen. Eine Abschrift desselben lege ich gehorsamst bei.«

Ein weiteres Exemplar fand man nach Ende der Revolte in Peterswaldau an einem Baum befestigt; es trug den Hinweis: »Der Finder dieses [Liedblatts] wird ersucht, es anderen mitzuteilen.« Dem Schriftsteller Eduard Pelz wurde das Lied auf einer Bahnreise von Breslau nach Frankfurt an der Oder durch einen Gerbergesellen mitgeteilt.

Dass man unfriedlich vor den Häusern unbeliebter Dienstherren und Standespersonen aufmarschiert, ist im Vormärz keine Seltenheit und wird von den Behörden oft sogar nur milde geahndet, weil man das einfache Volk in dem Glauben halten möchte, das Gemeinweisen sei »an sich« in Ordnung und es gebe lediglich ein paar schwarze Schafe, denen man es hin und wieder einmal zeigen dürfe. Da lebt dann der alte ländliche Brauch des Charivari, der »Katzenmusik«, fort; und in Berlin gibt es des Öfteren Gelegenheit, mit dem Zweizeiler loszuziehen: »Heil dir im Siegerkranz / heut' bleibt keene Scheibe janz!«

Auch der Inhalt des *Weberliedes* passt zu einem Charivari. Es wird nämlich nicht die generelle Notlage der schlesischen Weber thematisiert, sondern das Luxusleben eines bestimmten Unternehmerpaars angeprangert. Allerdings ist die Not der einfachen Weber in Peterswaldau und Hohenbielau so groß, dass die Verhaftung des Webergesellen Maeder zu dem sprichwörtlichen Funken wird, der das Pulverfass zur Explosion bringt. In wenigen Tagen wächst die Zahl der Aufständischen auf 3000. Man zieht in die Fabriken und zerstört, ohne den Besitzern körperlich nahezutreten, Maschinen und Geschäftsbücher. Zum Teil geschieht dies in einer Atmosphäre gespenstischen Schweigens: Viele vergreifen sich nur ungern an fremdem Gut, hoffen aber, mit ihrer Maschinenstürmerei Zeichen setzen zu können.

Eine falsche Hoffnung: Eine preußische »Infanterie-Macht von 600 bis 700 Mann nebst 4 Geschützen mit ca. 40 Pferden«, die der Landrat von Prittwitz-Gaffron eilends anfordert, schlägt den Aufstand blutig nieder. Es gibt Peitschenhiebe und Zuchthausstrafen; am Elend der Betroffenen ändert sich jedoch nichts. Gleichwohl ist die Revolte der schlesischen Weber nicht umsonst: Die Öffentlichkeit reagiert erschüttert und empört wie nie zuvor; es ist nur allzu deutlich geworden, wer die Macht im Staat hat und das Recht definiert. Selbst aus England kommen Spenden für die Angehörigen der einsitzenden Weber. Außerdem erscheinen Hunderte von Artikeln sowie Dutzende von Gedichten, in denen die Autoren ihre Sympathie mit den Aufständischen zum Ausdruck bringen, darunter eines von Heinrich Heine mit der Überschrift *Die armen Weber* und dem bitteren, zugleich vage hoffnungsvollen Schluss:

»Altdeutschland, wir weben dein Leichentuch! Wir weben! Wir weben!«

Wie schon beim *Lied der Deutschen* fragen wir: Was ist mit der Melodie? Der Haufen von zwanzig Personen, der sich am 3. Juni 1844 vor dem Haus der Fabrikanten Zwanziger einfindet, hat weder Zeit noch Lust, nach dem Vorbild von Männerchören eine Komposition in Auftrag zu geben und einzustudieren. So macht man eine Anleihe bei der Volksballade *Es liegt ein Schloss in Österreich*. Und woher haben wir diese Kenntnis? Zum einen tragen einige frühe Abschriften des Liedes, die in den Gerichtsakten bis heute überlebt haben, den Hinweis: »Melodie: Es liegt ein Schloss in Österreich«. Zum anderen hat sich der Lehrer und Volksliedforscher Wilhelm Schremmer im Jahre 1908 in der Gegend von Peterswaldau durchgefragt, bis er den »zitternden Gesang eines alten Maurers« aufschreiben konnte, der noch alle 24 Strophen auswendig wusste.

Fast ein halbes Jahrhundert nach der Revolte der schlesischen Weber, im Jahr 1892, wurden die Gemüter durch Gerhart Hauptmanns sozialkritisches Drama *Die Weber* neu erhitzt, wobei das originale *Weberlied* eine wichtige Rolle spielte: Der damalige Berliner Polizeipräsident verbot die Aufführung des Stückes mit der Begründung, dass vor allem die Deklamation dieses vom Dichter effektvoll in die Handlung eingeflochtenen Liedes aufhetzend wirken könne.

In der Tat hatten die Zuschauer in den bis dahin genehmigten Aufführungen besonders auf das *Weberlied* mit emotionaler Heftigkeit reagiert – gleich dem alten Weber Baumert auf der Bühne. Den lässt Gerhart Hauptmann die Zeile »Hier wird der Mensch langsam gequält« in schlesischem Dialekt wiederholen und bestätigen: »Dahier, greift amal an, Haut und Knochen. Ihr Schurken all, ihr Satansbrut!« (Worauf er laut Regiebemerkung weinend vor verzweifeltem Ingrimm auf einem Stuhl zusammenbricht.)

Nicht nur zahme Vögel singen von der Freiheit, sondern auch Menschen, die aus ihrem Käfig ausbrechen wollen. In diesem Sinne ist das *Weberlied* ein Freiheitslied, obwohl es ohne die hehren Worte Einigkeit, Recht und Freiheit auskommt. Wer den Menschen als widersprüchliche Einheit betrachtet, wird weder seinen Hang zum Pathos noch seinen anarchischen Kampfesmut geringachten.

ALS MITGLIED DER MUSIKALISCHEN ZUNFT registriere ich mit Stolz, was Lieder in der Geschichte der Menschheit alles ausgerichtet haben. Noch in unserer Zivilisation gilt: Kein wichtiges Ereignis ohne gemeinsames Lied. Allerdings richten Lieder nicht nur etwas aus; vielmehr richten sie auch etwas an – und nicht immer Gutes. Der Satz »Wo man singt, da lass dich ruhig nieder, böse Menschen kennen keine Lieder« stimmt nicht. Und wenn es um »Freiheitslieder« geht, fallen mir die Schlusszeilen aus einem von Robert Schumanns Eichendorff-Liedern ein: »Hüte dich, sei wach und munter!« Sie wurden übrigens gleichfalls im Vormärz gedichtet und komponiert.

Vom Verhängnis der Macht
Wagners musikalisches Drama
Der Ring des Nibelungen

Fast jede große Nation hat auch ihre großen »klassischen« Komponisten. In Italien blickt man zum Beispiel auf Monteverdi, Pergolesi, Rossini, Verdi und Puccini; in Frankreich auf Rameau, Couperin, Bizet, Debussy, Ravel. Und in Deutschland dürften Bach, Mozart, Beethoven und Wagner obenan stehen.

Wirklich auch Wagner? An ihm scheiden sich die Geister. Während die einen möglichst Jahr für Jahr zu den Bayreuther Festspielen pilgern und sich eine musikalische Existenz ohne die berauschenden Klänge von *Tristan und Isolde* gar nicht vorstellen können, lästern die anderen über den *Ring des Nibelungen*: teutonische Handlung, lächerlicher Stabreim, nervtötende Musik.

Das hat einiges mit unterschiedlichen Vorverständnissen zu tun. Wer früh »gelernt« hat, dass Kunst zwar erfreuen, aber nicht berauschen oder gar lebensuntüchtig machen soll, der wird sich eher für Bach und Mozart als für Wagner entscheiden.

Auch in meinem Elternhaus liebte man vor allem Bach und Mozart, während Beethoven schon als ziemlich wild galt. Als sechzehnjähriger Gymnasiast wurde ich dann – zum ersten und letzten Mal in meiner Schullaufbahn – in das Zimmer des Direktors bestellt und darüber ins Bild gesetzt, dass ich mit einigen anderen Stipendiaten des Richard-Wagner-Vereins nach Bayreuth fahren würde.

Dort hörte und sah ich *Tristan und Isolde* ... und verstand nichts. Am besten erinnere ich mich an meine Platznachbarin – eine alte Dame, die zu meiner Überraschung ein kleines Hörrohr aus ihrer Handtasche zog und mir in der Pause auseinandersetzte, weshalb sie kein modernes Hörgerät trage: »An die neumodischen Dinger gewöhne ich mich nicht mehr. Und an diese neumodischen Bühnenbilder, wo alles immer dunkel ist, übrigens auch nicht. Früher, in Olmütz, da hat man noch alles verstanden!«

Immerhin schrieb ich damals schon kleine Musikkritiken über Ereignisse, die meiner Heimatzeitung keinen »Profi« wert waren; und daher beschloss ich, nach dem Abitur Musikwissenschaft zu studieren. Das habe ich dann auch getan; doch zunächst einmal interessierte ich mich vor allem für Bach und die ältere Musik. Die intensive Beschäftigung mit Wagner erfolgte später – im Rahmen meines ersten richtigen Jobs bei der Bayerischen Akademie der schönen Künste in München. Die suchte damals den Gründungsredakteur für eine Richard-Wagner-Gesamtausgabe. Und dazu musste man nicht unbedingt von Wagners Ideen begeistert sein. Es reichte, wenn man das eigene Handwerk beherrschte. Das hieß in diesem Fall: erst einmal ein Werkverzeichnis erstellen, wie es der alte Köchel im Jahrhundert zuvor für Mozart getan hatte.

Nein, ein solches Verzeichnis gab es im Jahr 1970 für Wagner noch nicht. Denn die musikalische Öffentlichkeit hatte vor allem seine Bühnenwerke von *Rienzi* bis *Parsifal* vor Augen, die man an zehn Fingern abzählen konnte; und erst im Laufe meiner Arbeit stellte sich heraus, dass das WWV, das Wagner-Werkverzeichnis, immerhin 113 Nummern umfassen würde, darunter freilich auch ganz kleine wie den *Wahlspruch für die deutsche Feuerwehr*, WWV 101.

Da diese Werke gemäß wissenschaftlichen Grundsätzen, also nach allen verfügbaren Quellen, herausgegeben werden sollten, besuchte ich nicht nur das Wagner-Familien-Archiv Bayreuth, sondern viele europäische Bibliotheken und auch einige Privatbesitzer, um noch das kleinste Zettelchen mit einer Wagner-Skizze ausfindig zu machen. Zugleich begann ich mit der Neuausgabe des *Parsifal*. Das war insofern leicht, als die Quellenlage in diesem Fall ziemlich übersichtlich war. Andererseits merkte ich schnell, was »Edieren« bedeutet: Allein beim *Parsifal* hieß es, die halbe Million Notenzeichen der bisher gebräuchlichen Ausgabe eines nach dem anderen mit Wagners handschriftlicher Partitur, mit der Aufführungspartitur, mit der Druckvorlage, mit dem Klavierauszug von Josef Rubinstein und von Fall zu Fall mit Wagners Kompositionsentwürfen zu vergleichen.

So viel Respekt ich bis heute vor einer solchen Tätigkeit habe – mir selbst wurde sie bald sauer. Vor allem aber fürchtete ich zu verlernen, was einen Musikforscher ja auch auszeichnen soll: das Nachdenken über Musik. So habe ich die Stellung gewechselt, zunächst Musikbücher für einen großen Schulbuchverlag verfasst und später Musikgeschichte und -ästhetik an einer Universität gelehrt. Letzteres tue ich noch heute; und neben Bach, Mozart, Beethoven und anderen Komponisten ist auch Richard Wagner immer wieder in mein Blickfeld gerückt.

Ich bin weder Wagnerianer noch Antiwagnerianer noch neutral; vielmehr begeistert mich das eine, während ich mich von anderem distanziere. Bewunderung hege ich für Wagner als philosophischen Kopf. Schon von Beethoven, Liszt und anderen Sinfonikern des 19. Jahrhunderts hörten wir, dass sie Kunstwerke schaffen wollten, die nicht allein schön klingen, sondern auch eine Idee verkünden sollten. Aber eben jeweils nur e i n e Idee. Mit dem über vier lange Abende gehenden *Ring des Nibelungen* will Wagner mehr bieten, nämlich eine umfassende Aussage über den Zustand der Welt. Im Rückgriff auf altgermanische Sagen, die er allerdings ganz nach seinem eigenen Verständnis deutet, beginnt er mit der Urzeit.

Rhein und Rheintöchter symbolisieren eine Natur, die mit sich im Reinen ist und sich in ungezwungenem Wechsel selbst erneuert. Nachdem jedoch Zwerge, Götter und Riesen die Erde bevölkern, gerät alles unheilbar aus den Fugen. Auf dem Grunde des Rheins grapscht der Zwerg Alberich gierig nach den Rheintöchtern. Als sie ihn verlachen, raubt er das ihnen anvertraute Rheingold, um einen Ring daraus zu schmieden, der dem Besitzer die Weltherrschaft sichert, ihm jedoch zugleich Unglück bringt. (Weil Alberich zum Zwergenvolk der Nibelungen gehört, heißt Wagners Musikdrama *Der Ring des Nibelungen.*)

Derweilen zankt Fricka auf den luftigen Höhen, wo die Götter wohnen, mit Wotan. Nachdem ihr Gatte immer wieder fremdgegangen ist, wünscht sie sich zur besseren Kontrolle eine sichere Burg. Und auch Wotan selbst, den der »Liebe Lust« inzwischen nicht mehr befriedigen kann, verlangt nach einem sichtbaren Symbol der Macht. Mit dem Bau der Burg Walhall beauftragt er die Riesen Fafner und Fasolt, die freilich angemessenen Lohn fordern. Wotan verspricht ihnen leichtsinnig die schöne Göttin Freia. Doch die garantiert den Göttern ihre Unsterblichkeit und ist deshalb »unverkäuflich«. Der schlaue Feuergott Loge rät Wotan, Alberich das Rheingold samt Ring zu rauben, um die Riesen damit abzuspeisen. Kaum haben diese Gold und Ring, beginnt der Zank: Fafner erschlägt Fasolt und hütet künftig in der Gestalt eines Drachens den unheilvollen Besitz.

Schon jetzt hat Wotan sein Ansehen als gerechter Weltherrscher verspielt: Zu sehr ist er in den Poker um Macht und Liebe verstrickt. Seine außerehelichen Kinder Siegmund und Sieglinde sollen es besser machen und den Helden Siegfried zur Welt bringen. Dieser erste wirkliche Mensch wird, so hofft Wotan, noch einmal von vorn anfangen, keine Machtgelüste haben, alle Intrigen verschmähen, ohne Besitzansprüche lieben. Und Brünnhilde, Wotans Liebling unter den Walküren, soll dabei mithelfen oder gar Vorbild sein.

So liebenswert der Naturbursche sein mag – in einer Welt der Macht und Intrige ist er zum Scheitern verurteilt. Anstatt über den Ring, den er durch den Sieg über den Drachen Fafner gewinnt, zu wachen, lässt er ihn am Ende in falsche Hände kommen. Und weil er auch in der Liebe zwar unbefangen, aber nicht einfühlsam und mitleidig ist, richtet er am Hof zu Burgund, wo Machtmenschen und Intriganten wie Gunther und Hagen das Sagen haben, nur ein Chaos an. Am Ende – Wotan hat ohnehin längst abgedankt – steht der Weltenbrand. *Götterdämmerung* heißt demgemäß der letzte Teil des vierteiligen *Ring*-Zyklus, dem *Rheingold, Walküre* und *Siegfried* vorausgegangen sind.

All das lässt Wagner vordergründig in sagenhafter Vorzeit spielen. Letztendlich aber hat er seine eigene Zeit im Blick. Daher versetzt zum Beispiel der bekannte französische Regisseur Patrice Chéreau den *Ring* ins 19. Jahrhundert und sieht Wagner in den Fängen des Kapitalismus: So scharfsinnig Wagners Gesamtsicht auf die Welt auch sein mag – er weiß keinen Ausweg; deshalb das düstere Ende der *Ring*-Tetralogie. Passt dazu eine Musik, die trotz mancher Eintrübungen immer wieder in hohen Gefühlen schwelgt?

Ich weiß nicht, ob ich Wagner richtig verstehe, doch ich will ihn so verstehen: Solange der Mensch lebt, hofft er. Und nur ein Mensch, der all seine Gefühle – die »guten« wie die »bösen« – zeigen kann, hat überhaupt eine Chance, solche Hoffnungen zu hegen. In einem wichtigen Werk des Philosophen Ernst Bloch mit dem Titel *Prinzip Hoffnung* kommt nicht zufällig der Musik eine bedeutende Funktion zu: Gerade weil sie kein konkretes Zukunftsbild liefern kann wie ein Gemälde oder ein Theaterstück, vermag sie Hoffnung auf eine Zukunft zu machen, die wir uns zwar wünschen, aber nicht konkret vorstellen können. Am Ende der *Götterdämmerung* gibt Wagner einen verstohlenen Hinweis darauf, wie man das im konkreten Fall verstehen könnte: Da erklingt in Chaos und Untergang hinein das sogenannte »Liebeserlösungsmotiv«. Es ist wie ein in die Asche gelegtes Saatkorn. Wird es einmal keimen?

Nun war Wagner nicht nur Denker und Mythenerzähler, sondern auch Dichter und Komponist. Als Dichter des *Rings* wird er gern wegen seiner Stabreime kritisiert, die man als altertümelnd und aufdringlich empfindet. »Winterstürme wichen dem Wonnemond, in mildem Lichte leuchtet der Lenz«, singt der liebesselige Siegmund. Und der skeptische Loge ruft den Göttern, die voll Eitelkeit in Walhall einziehen, die – unbestreitbar schön gedichteten – Worte nach: »Ihrem Ende eilen sie zu, die so stark im Bestehen sich wähnen.«

Zugegeben: Vier Abende Stabreim mögen anstrengend sein. Indessen steckt etwas dahinter: Wagner will den *Ring* weder in nüchterner Prosa abfassen noch auf leierige Endreime zurückgreifen. Da bietet sich der Stabreim an, der die sinntragenden Stammsilben wichtiger Wörter zu Einheiten zusammenfasst und ihnen damit besondere Bedeutsamkeit gibt. Wer zu vergessen bereit ist, dass die Gattung Oper kaum jemals ohne Künsteleien ausgekommen ist, wird in Wagners Stabreimen viel Kraft verspüren!

Dass Wagner vor allem im *Ring* mit Stabreimen arbeitet, hat einen guten Grund: Dieses gewaltige Mythen- und Handlungspaket benötigt einen formalen Zusammenschluss, den Endreime oder freie Rhythmen nicht hätten liefern können. Und noch ein anderes, nicht weniger markantes Stilmittel trägt dazu bei, dass ein spürbarer Zusammenhang entsteht: die Verwendung von Leitmotiven. Das sind einprägsame musikalische Signale, die Wagner den Gestalten der *Ring*-Handlung zuordnet, aber auch Dingen und Vorstellungen wie Gold, Ring, Schwert, Fluch, Vertrag.

Wir kennen das aus unserem eigenen Alltag: Bei bestimmten Wörtern taucht ein Bild vor unserem inneren Auge auf; wir haben ein spezielles Geräusch im Ohr oder einen besonderen Geschmack auf der Zunge. In unseren Träumen setzen wir daraus manchmal eine ganze diffuse »Sinfonie der Sinne« zusammen. Auch die Musik zu Wagners *Ring* ist in diesem Sinne eine unendlich vielfältige Sinfonie, mal mit schwelgerischen, mal mit düsteren oder fahlen Tönen. Doch so wichtig vor diesem Horizont das – im Bayreuther

Festspielhaus unsichtbare – Orchester ist: Auf der Bühne herrschen die Sängerinnen und Sänger. Ihr Part ist deshalb besonders anstrengend, weil Wagner keine traditionellen Opern mit regelmäßigem Wechsel von Rezitativ und Arie geschrieben hat, sondern Musikdramen. Dort können sich die Hauptfiguren nicht zwischen ihren jeweiligen Arien »erholen«, müssen vielmehr von Anfang bis Ende durchsingen. Es war eben der erklärte Wille Wagners, dass man, statt sich an einer einzelnen Arie zu freuen, ganz in der Handlung aufgehen solle. Gleichwohl war die Musik unersetzlich, denn nur sie war in der Lage, Hörerinnen und Hörern die Handlung auch gefühlsmäßig nahezubringen.

Übrigens ist das Leitmotiv-Verfahren alles andere als primitiv: Gegenständen und Vorstellungen, die miteinander in Verbindung stehen, werden Motive zugeordnet, die ihrerseits untereinander verwandt sind. Dass zum Beispiel Ring- und Walhallmotiv die gleiche musikalische Substanz haben, ist in der Handlung begründet: Der Ring ist das Symbol der Weltherrschaft, Walhall das Symbol für die Macht der Götter, welche für die Errichtung dieses Prachtbaus mit dem verfluchten Ring teuer bezahlen. Und schaut man sich das Ring-Motiv genauer an, so stellt man fest, dass es einerseits von makelloser Rundung ist, andererseits »tückische« Intervalle aufweist, wie den Tritonus, der von alters her als »Diabolus in musica«, als Teufel in der Musik, gilt.

Zu Beginn der Handlung, im *Rheingold*, sind die einzelnen Leitmotive noch gut durchzuhören; am Ende, in der *Götterdämmerung*, wird ihr Gefüge allerdings so kompliziert, dass selbst Wagner-Kenner Mühe haben, alle gleichzeitig und manchmal verzerrt erklingenden Motive auszumachen. Die Tendenz zur Verkomplizierung ist jedoch keine bloße Marotte des Komponisten; sie spiegelt vielmehr den Lauf der Welt: Was in deren Naturzustand noch überschaubar schien, wird am Ende zu einer einzigen undurchsichtigen Intrige der Macht.

In diesem Sinne gilt Wagner manchen Deutern seines Werks als ein sprachmächtiger, jedoch pessimistischer Interpret von realen gesellschaftlichen Zuständen. Andere stoßen sich gewaltig an seinem Antisemitismus. Tatsächlich ist es kaum zu fassen, mit welcher Blindheit für große Zusammenhänge Wagner die »Intrige der Macht«, die ihn zeitlebens beschäftigte, in den jüdischen Geldspekulanten des 19. Jahrhunderts personifiziert sah und mit welchem Fanatismus er das Judentum auch generell beschimpft hat. Wer meint, er könne hier zwischen »Politik« und »Kunst« trennen, übersieht, dass zwei zwielichtige Figuren aus dem *Ring des Nibelungen*, nämlich Alberich und sein Bruder Mime, von den Zeitgenossen als »Juden« zwar nicht verstanden werden mussten, aber konnten. Darauf hat schon Gustav Mahler, der den *Ring* selbst aufgeführt hat, hingewiesen.

Dennoch hat es keinen Sinn, Wagner als Einzelnen zu verteufeln. Alle vorurteilsfreien Historiker unserer Tage sind sich darin einig, dass eine antisemitische Haltung zu seiner Zeit eher die Regel als die Ausnahme war. Zudem hat Wagner niemals daran gedacht, die Juden physisch auszurotten, wie dies unter dem Nationalsozialismus geschehen ist. Deshalb ist er zwar kein Vorläufer Hitlers, jedoch bei aller Genialität im Denken und Komponieren Teil einer deutschen Kultur, welche die Menschheit mit Kunstwerken beglückt und zugleich einen gefährlichen Nationalismus geschürt hat.

Der große Dichter Thomas Mann, selbst ein leidenschaftlicher Wagner-Verehrer, hat wiederholt auf diesen Widerspruch hingewiesen: Kunst wird nicht auf einer Insel der Seligen fabriziert, sondern in einer unvollkommenen Welt. Deren Spuren trägt sie – auf vielfältige Weise – an ihrem Leib. Und das ist gut so. Denn wer von uns wollte wohl ständig Engelsmusik hören?

Damit macht es die Kunst sich und anderen nicht immer einfach. Zum Beispiel hat es 28 Jahre gedauert, bis Wagners Ring von den Anfängen bis zur ersten Aufführung im eigens dafür gebauten Festspielhaus gereift ist. Und was ist in der Zeit von 1848 bis 1876 alles passiert! Da gab es eine bürgerliche Revolution, einen Deutsch-Französischen Krieg, die Gründung des deutschen Kaiserreiches. Wagner selbst ging durch Höhen und Tiefen. So musste er die Komposition des *Rings* mitten im *Siegfried* liegenlassen, weil er keine Möglichkeit sah, das Riesenwerk jemals aufführen zu können. Von Schulden geplagt, versprach er sich bessere Einkünfte von *Tristan und Isolde* und den *Meistersingern von Nürnberg*.

Doch auch das blieb so lange eine Illusion, bis ein »verrückter« bayerischer König, nämlich Ludwig II., in Wagners Leben auftauchte, sein großer Mäzen wurde und das *Ring*-Projekt förderte. Trotzdem hing weiterhin vieles am seidenen Faden: Die ersten Bayreuther Festspiele drohten schon im Vorfeld pleitezugehen, und während der Proben rissen die Sorgen nicht ab: Waren Sängerinnen, Sänger und Orchester dem großen Unternehmen gewachsen? Würde das Publikum das Ganze als wirkliches Festspiel nach dem Vorbild der Tragödienaufführungen im alten Griechenland auffassen? Oder bloß als gigantisches Spektakel?

Dazu die unvermeidlichen Alltagspannen: Die in England bestellte Attrappe des Drachen Fafner kam ohne Halsstück an, so dass der Kopf direkt an den Rumpf montiert werden musste. (Der Hals ist womöglich nach Beirut anstatt nach Bayreuth verschifft worden.) Die vorgesehenen Kostüme erinnerten Wagner peinlich an Indianerhäuptlinge usw. usw.

Obwohl die ersten Festspiele von Kaisern, Königen und anderen hohen Herrschaften besucht und schließlich ein voller Erfolg wurden, fühlte sich Wagner nur ausgemergelt: »Richard ist sehr traurig, sagt, er möchte sterben« – das schreibt seine Gattin Cosima nach der letzten Vorstellung in ihr Tagebuch. Man darf es als Hinweis darauf deuten, dass Wagner von der realen Umsetzung seiner Visionen letztlich bitter enttäuscht war.

WAGNERS LEBEN BIETET VIEL ANLASS, sich moralisch zu entrüsten, denn er konnte menschlich höchst unangenehm sein; und er liebte den Luxus, ohne ihn immer bezahlen zu können. Gleichwohl ist auch er ein Märtyrer der Kunst: Was zählen zum Beispiel die vergleichsweise wenigen Stunden der Verschwendung gegen die unzähligen, die er in heller Aufregung um sein Werk und in harter Arbeit an den Partituren zugebracht hat. Das kann ein Spießbürger nicht ermessen!

Die ganze, meist hart erstrittene und erlittene Kunst hat unsere Welt wohl kaum besser gemacht; doch um wie vieles ärmer wären wir ohne sie! Wir wüssten dann vielleicht gar nicht, dass wir Menschen sind.

Komponistin mit acht Kindern
Das bewegte Leben der Clara Schumann

Richard Wagner und Clara Schumann – die beiden sind sich mehrfach über den Weg gelaufen. In ihren Leipziger Jugendjahren treten sie einmal sogar gemeinsam auf, nämlich am 10. Januar 1833 im Rahmen eines Abonnementskonzerts des Gewandhauses. Nachdem dort zunächst Wagner mit seiner C-Dur-Sinfonie debütiert hat, spielt Clara, die zu jener Zeit noch Wieck heißt, ein Klavierkonzert des Mannheimer Komponisten und Klaviervirtuosen Johann Peter Pixis.

Dass die beiden damals viel miteinander anfangen können, darf man zwar bezweifeln. Eins ist jedoch sicher: Die dreizehnjährige Clara komponiert kaum schlechter als der sechs Jahre ältere Richard, obwohl dieser schon nach den Sternen greift und an seiner ersten Oper, den *Feen*, sitzt. Bezüglich der veröffentlichten Werke hat sogar Clara die Nase vorn: Während es Wagner bisher nur auf eine Sonate und eine Polonaise für Klavier gebracht hat, sind es bei Clara immerhin schon *Vier Polonaisen* op. 1 und neun *Capricen in Walzerform* op. 2.

Allerdings hat die 1819 geborene Clara auch viel früher mit der Musik angefangen. Friedrich Wieck, ihr Vater, ist ein in Leipzig angesehener Klavierhändler, der in seinen Räumen junge Mädchen und den einen oder anderen Jungen nach der damals hochaktuellen Methode des vor allem in England erfolgreichen Musikpädagogen Logier unterrichtet. Logier hat einen »Chiroplast« genannten Apparat erfunden – das ist eine über den Klaviertasten angebrachte und verschiebbare Metallhalterung, durch deren Löcher die zehn Finger der Schülerin gesteckt werden. Diese ist damit einerseits an das Klavier fixiert, andererseits in der Lage, ohne vorschnelle Ermüdung von Hand und Arm Geläufigkeit zu üben.

Wir können Vater Wieck kaum der individuellen Grausamkeit zeihen, denn die Methode wird damals von berühmten Pianisten empfohlen. Auch wissen wir nicht, ob er die Hände seiner Tochter Clara, die am Instrument rasch weiterkommt, über längere Zeit in den Chiroplasten gespannt hat. Doch streng und manchmal unbeherrscht ist er gewiss gewesen – trotz aller guten Vorsätze, pädagogisch vernünftig zu handeln.

Ohnehin bezieht sich solche »Vernunft« nicht auf die liebevolle Erziehung eines Kindes, sondern auf die zweckmäßige Aufzucht einer kleinen Virtuosin, die ihrem Vater so bald wie möglich zu demselben Stolz Anlass geben soll wie Tennis spielende Jungstars ihren Vätern, die es selbst nur zum Tennislehrer gebracht haben.

Wiecks Gattin Marianne ist eine ausgezeichnete und offenbar temperamentvolle Pianistin. Vermutlich von ihr hat Clara die künstlerische Kreativität. Doch was nützt ihr das, als Marianne Wieck die Ehe hinwirft und ihre gerade fünfjährige Tochter an Friedrich Wieck herausgeben muss. Die vorangegangenen Ehestreitigkeiten müssen fürchterlich gewesen sein. Jedenfalls spricht Clara noch mit vier Jahren kein einziges Wort und versteht ihre Umgebung so wenig, dass man ausstreut, sie sei taub. Als sie zu ihrem Kindermädchen Johanna Strobel eine nach Meinung des Vaters zu enge Bindung eingeht, wird diese Bezugsperson alsbald gefeuert.

Wieck kontrolliert alles: die musikalische Ausbildung – zu der neben dem Klavierspiel auch Unterricht in Musiktheorie, Kontrapunkt, Komposition, Geigenspiel und Gesang gehören –, ebenso die allgemeine Erziehung, die in den Händen von Hauslehrern liegt und vor allem auf das Erlernen von Fremdsprachen abzielt. Wann immer sich die Gelegenheit bietet, besucht der Vater mit seiner Tochter Konzert- und Opernaufführungen in Leipzig. Auf den Konzertreisen, die er seit 1830 mit Clara – da ist sie elf Jahre alt – unternimmt, bittet er die jeweiligen örtlichen Musikgrößen, seiner Tochter ein paar Stunden zu geben. Er stellt sie Paganini und Goethe vor; er tut überhaupt alles, damit sein Stern – »Clara« heißt übersetzt »die Glänzende« – nicht rasch verglüht. Sie soll ihm ein Leben lang Freude machen und Sinn schaffen.

Keine Zeile in Claras Tagebuch, die nicht vom Vater geprüft oder gar selbst geschrieben wäre. »Abends 7 Uhr kam der Vater mit der Eilpost ... Ich flog in seine Arme« – das stammt nicht etwa von der Vierzehnjährigen selbst, sondern vom Vater. Ihre erste große Konzertreise, die sie bis nach Paris führte, hat Clara da schon hinter sich. Um Geld zu sparen, ist der Vater mit ihr oftmals die Nächte in der Postkutsche durchgereist. Und immer aufs Neue scheint er es zu genießen, dass die Tochter ihm auf den Tourneen noch mehr »gehört« als zu Hause. In ihren schönen seidenen Kleidern ist sie wahrlich seine Vorführpuppe!

Es ist geradezu ein Wunder, dass Clara Wieck all das körperlich und seelisch überstanden hat – ja: auch seelisch. Denn was wir über ihr späteres, langes Leben wissen, deutet zwar auf Eigenheiten hin, wie sie fast jeder Mensch ausbildet, zugleich aber auf die Fähigkeit, selbst in schwierigen Lagen den Kopf oben zu behalten und mit Tatkraft den eigenen Weg zu gehen, ohne zu verhärten.

Den ersten entscheidenden Schritt tut sie, indem sie im Alter von etwa zwanzig Jahren mit dem Vater bricht, den sie ja nicht nur als Tyrannen erlebt hat, sondern auch als unermüdlichen Helfer und Mentor. Wäre sie ohne ihn schon als Neunzehnjährige in Wien zur k. k. Kammervirtuosin ernannt worden – eine Ehrung, die einer Ausländerin eigentlich gar nicht hätte zuteilwerden dürfen?

Doch wir greifen vor. Schon einige Jahre zuvor hat sie den zehn Jahre älteren Robert Schumann kennengelernt, der 1830 ins Haus zieht. Wiecks neuer Klavierzögling verdirbt sich zwar eine Pianistenlaufbahn, indem er, anstatt nach Logier zu studieren, eine Vorrichtung ersinnt, durch die der schwache vierte Finger der rechten Hand beim Üben in einer Schlinge hochgehalten wird – mit dem Erfolg, dass die Sehne wegen Überspannung reißt und dauerhaft unbrauchbar wird. Zugleich aber entpuppt sich der hübsche junge Mann, der Clara und ihre kleineren Geschwister anfänglich nur durch phantasievolle Märchenerzählungen beeindruckt, als origineller, allem bloß virtuosen Tongeklingel abholder Komponist, als Verehrer Johann Sebastian Bachs und als Herausgeber eines vom Geist der Romantik inspirierten Journals, der *Neuen Zeitschrift für Musik*.

Wieck hat an sich nichts gegen seinen begabtesten Zögling, erschrickt jedoch, als dieser seiner Tochter den Hof macht: Zum einen lässt es seine Eifersucht nicht zu, dass ein anderer Mann in Claras Leben tritt, zum anderen fürchtet er zu Recht, dass deren Karriere und damit sein eigenes Lebensprojekt Schiffbruch erleidet, wenn ein eher weltfremder als geschäftstüchtiger Mensch seine Tochter heiratet. So stemmt er sich mit allen Kräften gegen die Verbindung, lässt es auf hässliche Szenen bis hin zur gerichtlichen Auseinandersetzung ankommen.

Clara ist freilich nicht zu beirren, bricht schließlich mit dem Vater und kann ihren Robert nach Jahren zermürbender Kämpfe im September 1840 heiraten. Warum erwählt das schöne, mandeläugige Fräulein gerade Robert? Zum einen erleichtert die Tatsache, dass dieser seit Jahren Hausfreund ist, die Ablösung vom Vater. »Du wirst mir die Jugendjahre ersetzen«, schreibt sie dem späteren Gatten: »Ich stand immer fremd in der Welt, der Vater liebte mich sehr, ich ihn auch, doch was ja das Mädchen so sehr bedarf, Mutterliebe, die genoss ich nie, und so war ich nie ganz glücklich.«

Zum anderen hat Clara ein Gespür dafür, dass Schumann sie künstlerisch weiterbringt: Die Ehe mit einem Mann, der selbst Künstler ist, gibt zu der Hoffnung Anlass, zumindest in Grenzen die Funktionen von Künstlerin und Hausfrau vereinen zu können. Indessen stellt sich bald heraus, dass Robert eine Virtuosin, die außerhalb des Hauses Erfolge feiert, nur schwer neben sich ertragen kann. In der Tat muss es einen von Selbstzweifeln geplagten Komponisten hart ankommen, wenn er als Reisebegleiter seiner Frau von ahnungslosen Herrschaften mit den Worten ins Gespräch gezogen wird: »Wie herrlich Ihre Gattin spielt! Haben Sie selbst auch mit Musik zu tun?«

So bleibt Clara in den Jahren der Ehe lieber zu Hause und wird von Schumann immerhin damit belohnt, dass er sie als Komponistin fördert – wohl wissend, dass sie ihn auf diesem Feld weder überflügeln noch seine Autorität in Frage stellen will. Bereits in der zweiten Ehewoche studiert das Paar Fugen; und bald gibt es mit den *Zwölf Gedichten aus F. Rückerts Liebesfrühling für Gesang und Pianoforte* sogar eine gemeinsame Veröffentlichung. Da kann sich Clara gegenüber ihrem Mann in jeder Hinsicht sehenlassen: Das Lied *Er ist gekommen in Sturm und Regen* ist voll aufbrausender Leidenschaft und passt in keiner Weise in das Klischee »weiblichen« Komponierens.

Auch als Pianistin irritiert Clara die Kritiker, indem sie sich dem gängigen Beurteilungsschema männlich/weiblich verweigert. »Das Mädchen hat mehr Kraft als sechs Knaben zusammen«, hatte schon der alte Goethe festgestellt. Und der bei anderer Gelegenheit erwähnte Wiener Kritiker Eduard Hanslick wird später bemerken, ihrem Spiel fehle das »Weibische, Zerflossene, Gefühlsüberschwängliche«; alles sei »bestimmt, klar, scharf, wie eine Bleistiftzeichnung«. Ein etwas zweifelhaftes Lob, weil es die »normale« Pianistin auf »typisch weibliche« Eigenschaften festlegt.

Hat man schon generell große Schwierigkeiten, solche Eigenschaften einigermaßen plausibel zu definieren, so sollte man, was die Musik angeht, vollends die Hände davon lassen. Eine Beethoven- oder Schubert-Sonate reicht in Erlebnistiefen, die vermutlich keinen Unterschied zwischen männlichem und weiblichem Empfinden kennen. Und falls Musik wirklich einmal – wie zum Beispiel in der Oper – erklärtermaßen zwischen männlichem und weiblichem Gestus unterscheidet, so gibt sie dadurch den männlichen Zuhörern Gelegenheit, ihre weiblichen Persönlichkeitsanteile zu aktivieren, und sie ermöglicht den Zuhörerinnen, »männlich« zu fühlen.

Clara Schumann selbst ist sich dieser Dinge freilich nicht so sicher. Durch die »Schule der Männer« gegangen, bezeichnet sie eines ihrer schönsten Werke, das Klaviertrio op. 17, anlässlich der ersten Aufführung als »Frauenzimmerarbeit«, später sogar einmal als »weibisch sentimental«. Andererseits bemerkt sie: »Es geht doch nichts über das Vergnügen, etwas selbst komponiert zu haben und dann zu hören.« Insgesamt kommt sie auf 23 Kompositionen mit Opus-Zahl und 30 meist kleinere oder unvollendete Werke ohne eine solche. Und obwohl Lieder und Klaviermusik überwiegen, können wir uns immerhin an dem Klavierkonzert mit Orchesterbegleitung op. 7 erfreuen.

Kein Wunder, dass dieses einfallsreiche Großwerk noch aus Claras Jungmädchenzeit stammt: In der Ehe ist an dergleichen nicht mehr zu denken. Zwar will sie im siebten Ehejahr ihren Mann zum Geburtstag mit einem *Concertino* für Klavier und Orchester überraschen, muss die Arbeit daran jedoch abbrechen. Denn gerade um diese Zeit, im Juni 1847, stirbt der noch nicht einjährige Emil – ihr viertes Kind. Zuvor, zwischen 1841 und 1845, hat sie die Töchter Marie, Elise und Julie geboren; und bis 1854 werden noch Ludwig, Ferdinand, Eugenie und Felix nachkommen.

Das Stillen ihrer Kinder überlässt sie – damals nicht ungewöhnlich – einer Amme. Fast ebenso dauerhaft zur Familie gehört eine Hausangestellte. Gleichwohl bleibt im Haushalt genug zu tun. In das von beiden Eheleuten gemeinsam geführte Ehetagebuch trägt Robert zwei Tage nach der Hochzeit ein: »Montag, am 14. Erstes Gericht, Spannung auf den Gesichtern der Teilnehmenden. Vortrefflich schmeckt es.« Was der Mann eher sportlich nimmt, ist für seine Frau selbst mit konkreter Aufregung verbunden. »Carls, Dr.

Reuter, Wenzel waren zu Tisch bei uns«, notiert sie die Woche darauf: »Mir schmeckte es nicht vor lauter Hausfrau-Ängsten, als da sind: dass es den Gästen nicht schmecken möchte oder, dass das Essen nicht zureiche.«

Noch mehr als die ständigen Geldsorgen belastet sie Roberts seelische Labilität, die im vierzehnten Ehejahr zum förmlichen Zusammenbruch führt. Schon früh hatte sie – freilich im Blick auf seine Kompositionen – geschrieben: »Er ist ein viel zu tiefer Geist für diese Welt.« Nun muss sie Abschied nehmen; denn einen Besuch in der Nervenheilanstalt Endenich, wo Schumann bis zu seinem Ableben 1856 noch zwei Jahre zubringen wird, verbieten die Ärzte.

In dieser schwierigen Situation steht Clara der 14 Jahre jüngere Johannes Brahms bei; nach Schumanns Tod wird er eine Weile verhalten und leidenschaftlich zugleich um sie werben. Doch mehr als eine lebenslange Kunstfreundschaft entsteht daraus nicht: Die Witwe muss in erster Linie an ihre sieben unversorgten Kinder denken. Sie lässt sich als Klavierpädagogin nieder und beginnt eine zweite Karriere als Virtuosin. Binnen kurzem kann sie sich wieder in ganz Europa feiern lassen. In England, wo man sie besonders schätzt, gelingt es ihr, Soloabende nur fürs Klavier durchzusetzen.

Ihre Programme sind von einer den Zeitgenossen ungewohnten Ernsthaftigkeit. Wenngleich sie dem Publikum zuliebe auf Virtuosenstücke nicht verzichtet, bevorzugt sie doch Werke von Beethoven, Mendelssohn, Brahms und ihrem Gatten, dessen Klaviermusik sie dem großen Publikum überhaupt erstmals nahebringt. Gemäß der Devise »Die Kunst ist mir das Heiligste« verachtet sie äußerliches Getue. Legt ihr dies eine Mehrheit als schöne deutsche Innerlichkeit aus, so wettern andere – unter ihnen der Komponist und Pianist Ferruccio Busoni – über eine heuchlerische Kunstfrömmigkeit, die der Musik ihre Vitalität raube.

Die Kriegsbegeisterung, die während des Deutsch-Französischen Kriegs von 1870/71 nicht nur auf Richard Wagner, sondern auch auf Freund Brahms übergreift, vermag sie nicht zu teilen. Kriege sind und bleiben für sie »Gräuel« und »Metzeleien«, die bloß die Eitelkeit der Männer befriedigen. 1891 gibt sie ihr letztes öffentliches Konzert, 1896 stirbt sie sechsundsiebzigjährig. Komponiert hat sie nach dem Tod ihres Gatten nicht mehr: Zu groß war die Sorge, ohne ihn ihr Niveau nicht halten zu können.

Warum gibt es so viele hervorragende Sängerinnen und Instrumentalistinnen, jedoch vergleichsweise wenige Komponistinnen und unter ihnen keine »ganz Großen«? Die Antwort wird man vor allem in der Kultur- und Sozialgeschichte finden. Gesungen und musiziert hat die Menschheit seit ihren Anfängen, und da waren Frauen stets dabei – oft sogar tonangebend. Zwar erlebten sie immer wieder Rückschläge, wenn es darum ging, sich als Berufsmusikerinnen zu behaupten. Doch inzwischen sind die Zeiten vorbei, in denen der Dirigent Herbert von Karajan seinen Berliner Philharmonikern die Klarinettistin Sabine Meyer als erste weibliche Kollegin geradezu aufdrängen musste.

Anders ist die Geschichte des Komponierens verlaufen. Nach unserem Verständnis des Wortes beginnt sie erst im europäischen Mittelalter und ist dort eine Angelegenheit der Mönche – fast mehr Philosophie als Kunst. Noch in den Tagen Johann Sebastian Bachs und Joseph Haydns galt seriöses Komponieren vor allem als Wissenschaft; und zu den Wissenschaften hatten die Frauen damals kaum Zutritt. Das 19. Jahrhundert brachte dann den Typus eines Komponisten hervor, der mit seiner Kunst neue Welten schaffen wollte – wie Richard Wagner mit dem *Ring des Nibelungen*. Zwar können auch Frauen ganz schön egozentrisch sein; doch die Erschaffung neuer Welten ist bis heute eher Männersache geblieben, während Frauen sich vor allem als gute Interpretinnen fühlen sollen.

Und davon abgesehen: Wie etwa hätte Clara Schumann, wenn

ihr denn das nötige Selbstwertgefühl eigen gewesen wäre, als Tochter eines herrschsüchtigen Vaters, als Gattin eines egozentrischen Komponisten und schließlich als Mutter von acht Kindern 28 Jahre lang an einem *Ring des Nibelungen* arbeiten und dabei Dutzende, ja Hunderte von Helferinnen und Helfern für sich einspannen sollen?

NICHT DER INDIVIDUELLE EINFALL, nicht einmal das einzelne Werk lassen die Komponistinnen des 19. Jahrhunderts weniger eindrucksvoll als ihre männlichen Kollegen erscheinen. Fanny Mendelssohn-Hensel hat zum Beispiel weit bessere Kunstlieder und gewiss nicht schlechtere Klavierkompositionen geschrieben als ihr Bruder Felix. Bei der Darstellung spezifischer Unterschiede geht es nicht um Einzelheiten, sondern um etwas Allgemeineres, nämlich um die Spur, welche die »Großen« aufgrund ihres Gesamtwerks in der Geschichte hinterlassen: Diese Spur fällt bisher bei Männern breiter, tiefer und dauerhafter aus als bei Frauen.

Dass eine von Männern bestimmte Geschichte der Menschheit nur zum Segen gereicht hat, darf man bezweifeln; nicht von ungefähr zählt Clara Schumann die Eitelkeit der Männer zu den Ursachen des Krieges. Doch unbestreitbar scheint mir, dass dieser Männer-Kultur auch die großen musikalischen Ideenkunstwerke von Bach bis Schönberg zu verdanken sind. Wie eine von Frauen bestimmte Musik ausgesehen hätte, wissen wir nicht.

Heute versteht sich weibliche Musikkultur oftmals als Gegenkultur. Oder sind wir schon auf dem Wege zu einer Gesamtkultur?

Virtuoses und Verspieltes für Geige und Klavier
Mit einem Seitenblick auf historische Aufführungspraxis

Phantastische Fiedler – vor allem solche, die zum Tanz aufspielen – kennen fast alle Kulturen. Dass sie auch in der europäischen Kunstmusik seit Langem eine Rolle spielen, haben wir am Beispiel Vivaldis gesehen. Doch das ist nichts gegen Niccolò Paganini, unbestritten der berühmteste aller neueren Geigenvirtuosen. 1782 in Genua geboren, wird der Sohn eines Hafenarbeiters schon früh als Ausnahmetalent entdeckt.

Über seinen Vater erzählt der spätere »Teufelsgeiger«, er habe sich beständig mit der Berechnung gewinnbringender Lotteriezahlen abgegeben: »Deshalb grübelte er sehr viel nach und zwang mich, nicht von seiner Seite zu weichen, so dass ich von morgens bis abends die Violine in der Hand behalten musste. Schien ich ihm nicht fleißig genug, so zwang er mich durch Hunger zur Verdoppelung meiner Kräfte.«

Nachdem Paganini als Neunzehnjährigem die »Flucht« von zu Hause gelungen ist, reist er fast drei Jahrzehnte lang durch Italien. Seit 1828 feiert er dann Erfolge in ganz Europa. Von einem Konzert in Wien berichtet ein Freund Franz Schuberts: »Nach dem achten Konzert hat er schon 20 000 Gulden verdient. Nur ein Konzert musste er verlegen, weil im Tiergarten zu Schönbrunn zum ersten Mal eine Giraffe zu sehen war; eine Giraffe ging den Wienern doch noch über Paganini.«

Das klingt etwas boshaft. Allerdings fasziniert Paganini die Zeitgenossen nicht nur durch seine atemberaubende Technik im Doppelgriff-, Staccato- und Flageolettspiel oder sein Pizzicato mit der linken Hand; noch mehr beeindruckt sein Geigenton, »der bis in die innerste Seele dringt, bei Überschreitung einer Linie in den unangenehmen Grad des Miauens verfallen würde, diese Linie aber eben nicht überschreitet«.

So erlebt es jedenfalls der Pianist Ignaz Moscheles 1831 in London, wo er ebenso über die »ultraoriginellen« Kompositionen wie über die ungewöhnliche Erscheinung Paganinis staunt: »Diese olivenfarbenen, scharf ausgeprägten Züge, diese glühenden Augen, das spärlich dünne, aber lang herabhängende schwarze Haar und die ganze hagere Figur, auf der die Kleider schlotterten, diese tief eingefallenen Wangen und diese langen, aber scheinbar nur mit Haut bedeckten Finger!«

Da haben wir alles beisammen, was die Wirkung dieses Prototyps aller Virtuosen bis hin zu Rockmusikern wie Jimmy Hendrix ausmacht: exzentrisches Aussehen; eine Beherrschung des Instruments, die an Magie erinnert und nicht nur entzückt, sondern auch schaudern lässt; und die Fähigkeit, für das eigene Instrument wirkungsvoll und doch authentisch zu komponieren.

Wer kann sagen, ob es die nachfolgenden Generationen nicht mehr vermocht oder nicht mehr gewagt haben, sich gleich Paganini als dämonische Naturwesen zu inszenieren! Jedenfalls verstehen sich die Violinvirtuosen späterer Generationen in erster Linie als kongeniale Interpreten des Konzertrepertoires. So tritt beispielsweise Joseph Joachim, Freund von Clara Schumann und Johannes Brahms, vor allem mit den Violinkonzerten von Beethoven, Spohr, Mendelssohn, Brahms und außerdem gern als Quartettspieler auf. Gleichwohl hat sich der Typus des Teufelsgeigers bis in die Gegenwart bewahrt: Die Reihe reicht von dem Spanier Pablo de Sarasate über Fritz Kreisler und Nathan Milstein bis zu Nigel Kennedy.

Nicht ganz so alt wie die Tradition der Violinvirtuosen ist diejenige von Künstlern, die auf einem Tasteninstrument brillieren. Immerhin kommt der Nürnberger Organist Conrad Paumann schon im 15. Jahrhundert zu hohen Ehren. Konzertreisen führen den von Geburt an blinden Musiker nach Italien, wo man ihn als »cieco miracoloso«, also als »blindes Wunder«, bestaunt, mit prächtigen Gewändern und einem Schwert mit goldenem Knauf beschenkt. 1471 lässt er sich auf dem Reichstag zu Regensburg vor den versammelten deutschen Fürsten hören.

Später veranstalten die Fürsten an ihren Höfen regelrechte Wettstreite von Organisten und Cembalisten. Anlässlich eines solchen Wettstreits am Dresdner Hof um die Mitte des 17. Jahrhunderts sollen der berühmte süddeutsche Organist Johann Jacob Froberger und sein norddeutscher Kollege Matthias Weckmann aufeinandergetroffen und danach Freunde geworden sein.

Etwa hundert Jahre darauf organisiert man – wiederum am Dresdner Hof – ein Wettspiel zwischen Johann Sebastian Bach, der als der versierteste Orgelspieler seiner Zeit galt, und dem französischen Künstler Louis Marchand. Einer Legende zufolge, die offenbar auf Bach selbst zurückgeht, soll der Franzose jedoch gekniffen und den Ort drohender Blamage frühmorgens mit der Extrapost verlassen haben. Bach habe daraufhin allein vor dem Hofstaat brilliert, sei allerdings von einem korrupten Beamten um sein Ehrengeschenk – 500 Taler, mehr als ein Jahresgehalt – gebracht worden.

Der vor allem in England lebende Pianist Muzio Clementi berichtet von einem Klavierwettstreit in der Wiener Hofburg am Heiligabend 1781. Bei seinem Eintritt in den Musiksaal trifft er auf einen Menschen, den er wegen seines eleganten Äußeren für einen Kammerherrn hält. Beim Plaudern stellt sich dann aber rasch heraus, dass es sich um seinen »Rivalen«, nämlich Mozart, handelt. Nach dessen Bericht legt die Großfürstin Maria Feodorowna, zu deren Ehren der Kaiser den Wettbewerb anberaumt hat, eine ihr gewidmete Sonate von Giovanni Paisiello auf, aus der Mozart das Allegro, Clementi das Andante und das Rondo spielen muss. Danach improvisieren die beiden an zwei Klavieren über ein Thema aus der Sonate. Vorher hat Mozart heute nicht mehr nachweisbare

Variationen, Clementi die wegen schwieriger Terzenpassagen gefürchtete Toccata aus seiner Es-Dur-Sonate gespielt.

Und das Ergebnis? Vermutlich ist kein »Sieger« ausgerufen worden; dass Mozart jedoch großen Respekt vor seinem fast auf den Tag genau vier Jahre älteren Kollegen gehabt hat, darf man indirekt aus seiner scharfen Kritik schließen: »Der Clementi spielt gut«, schreibt er dem Vater, »wenn es auf die Execution der rechten Hand ankömmt. Seine force [Glanzstücke] sind die Terzenpassagen. Im Übrigen hat er um keinen Kreutzer Gefühl oder Geschmack, mit einem Wort ein bloßer Mechanicus!«

Clementi benutzt damals vermutlich eines der neuen englischen Broadwood-Klaviere, für die er während seiner Konzertreise wirbt. Und Mozart? Er bedient sich wahrscheinlich eines Klaviers, das ihm die Gräfin Thun geliehen hat; denn wohl erst im Jahr darauf verfügt er über den modernen Hammerflügel von Gabriel Anton Walter, welcher heute im Salzburger Mozart-Haus zu sehen und auf neueren Tonträgern zu hören ist.

Als Kind und Jugendlicher hat Mozart noch das Cembalo gespielt – das »Clavecin«, wie man es in modischem Französisch nannte. Doch erst die neuen Hammerklaviere erlaubten jenen nuancierten Anschlag, der ihnen bald die Bezeichnung »Pianoforte« oder auch nur »Piano« einbringt: Man kann den Ton an- und abschwellen lassen, ihn fast nach Belieben lang aushalten und zwischen Staccato- und Legato-Spiel wählen. Und nicht zuletzt verfügt der Hammerflügel dank wachsender Klavierbaukunst allmählich über ein Klangvolumen, das es mit einem ganzen Orchester aufnehmen kann.

Davon profitiert in der Nachfolge Mozarts und Clementis vor allem Beethoven. Seine drei letzten Klavierkonzerte können sich ihre große sinfonische Besetzung nur erlauben, weil immer klangstärkere Flügel auf den Markt kommen. Doch auch Beethovens virtuose Solosonaten rechnen mit solchen Instrumenten. Wer die *Pathétique* op. 13, die *Mondscheinsonate* op. 27,2, die *Pastoralsonate* op. 28, die *Sturm-Sonate* op. 31,2, die *Waldsteinsonate* op. 53, die *Appassionata* op. 57, *Les Adieux* op. 81a oder die *Hammerklaviersonate* op. 106 auf einem Mozart-Flügel spielen wollte, hätte einige Schwierigkeiten, mit den dynamischen und agogischen Wechseln sowie den extremen Lagen, die der Komponist verlangt, zurechtzukommen.

Die im letzten Absatz getroffene Auswahl unter Beethovens insgesamt 32 Klaviersonaten ist etwas ungerecht, denn sie berücksichtigt nur diejenigen, die einen besonderen Namen tragen und sich deshalb gut merken lassen. Doch wenngleich die Bezeichnungen meistenteils nicht vom Komponisten selbst, sondern vom Verleger oder vom Publikum stammen, sind sie nicht wertlos. Sie signalisieren nämlich, dass für Beethoven eine Sonate kein reines Spielstück war – mag dieses auch noch so tiefsinnig oder brillant ausfallen –, sondern zugleich ein kleines Ideenkunstwerk und darin seinen Sinfonien vergleichbar.

Der Ausspruch, dass man die später sogenannte *Sturm-Sonate* besser verstehe, wenn man Shakespeares Drama *The Tempest* kenne, ist zwar nur von seinem wichtigtuerischen Mitarbeiter Anton Schindler überliefert, dessen Erinnerungen mit Vorsicht zu genießen sind; doch unabhängig von diesem konkreten Fall kann man sicher sein, dass Beethoven in vielen seiner Sonaten eine poetische Idee verfolgt hat. Als ihn in den Jahren 1801/02 eine Dame, vermutlich die Gräfin Kielmannsegge, um eine Sonate bittet, die Ideen der Französischen Revolution von 1789 thematisieren soll, ist er im Prinzip nicht abgeneigt. Der Vorschlag komme allerdings ein bisschen spät: »Reit euch der Teufel insgesamt meine Herren«, so schreibt er seinen Verlegern, »mir eine solche Sonate vorzuschlagen? Zur Zeit des Revolutionsfiebers wäre das etwas gewesen. Aber j e t z t, da sich alles wieder ins alte Gleis zu schieben sucht, Bonaparte mit dem Papst das Konkordat geschlossen – so eine Sonate?«

Poetische Ideen müssen sich nicht in ausführlichen Programmen niederschlagen. Bereits Werktitel wie *Bagatelle, Impromptu* (»aus dem Stegreif«), *Ballade, Nocturne* vermögen beim Hörer Erwartungen zu wecken und seine Phantasie in eine bestimmte Richtung zu lenken. Dass solche Stücke in der Regel einsätzig sind, ist bezeichnend für eine interessante Entwicklung im Bereich der Klaviermusik: Die Komponisten entfernen sich von der mehrsätzigen Sonate, deren formale Bewältigung in dem knappen Jahrhundert von Scarlatti bis Beethoven immer anstrengender geworden ist, und wenden sich stattdessen dem »Charakterstück« zu, das – übertreibend gesagt – »nur« in seinen Stimmungen schwelgt.

Solches geschieht einerseits um eines Publikums willen, das Sonaten oftmals zu lang und sperrig findet. Andererseits entspricht es auch dem Lebensgefühl der Komponisten: Sie schrecken davor zurück, sich der großen, differenzierten Formen in der Nachfolge Beethovens anzunehmen, der ihnen darin unerreichbar scheint, und suchen ihr Heil lieber in ausdrucksstarker Kleinkunst.

Von daher ließe sich – in Erinnerung an ein früheres Kapitel – vielleicht doch noch ein markanter Unterschied zwischen »klassischer« und »romantischer« Verhaltensweise angeben: Er könnte in der Bereitschaft oder Fähigkeit liegen, sich mit großen Formen auseinanderzusetzen. In diesem – und nur in diesem – Sinne wären Beethoven und Schubert mit ihren vielen Klaviersonaten und vergleichsweise wenigen Charakterstücken auf der Schwelle von der Klassik zur Romantik anzusiedeln, während man Schumann, Mendelssohn, Chopin, Liszt und Brahms Romantiker nennen könnte, die sich zwar an der »klassischen« Klaviersonate versuchen, letztlich aber das Charakterstück bevorzugen – um es oft genug zur großen Form auszubauen. So gesehen, wäre selbst Franz Liszts einsätzige Klaviersonate in h-Moll ein monumentales Charakterstück.

Alles andere als monumental, vielmehr geradezu verspielt ist

Beethovens Albumblatt *Für Elise*, das man durchaus als ein kleines Charakterstück ansehen kann. Wie die erhaltenen Skizzen nahelegen, hat Beethoven es im Jahr 1810 komponiert, als er mit der Wiener Arztfamilie Malfatti befreundet war und um die damals achtzehnjährige Therese Malfatti warb. Auf dem inzwischen verschollenen Original soll jedoch »Für Elise« gestanden haben. Hat sich da seinerzeit jemand verlesen, und handelt es sich womöglich um die Sängerin Elisabeth Röckel? Wie auch immer: Wir stellen fest, dass zu dem »Elise« gewidmeten Albumblatt das Wort »verspielt« in einem doppelten Sinne passt. Die Komposition mutet nämlich nicht nur spielerisch an, sondern macht das Sichverspielen geradewegs zum Thema. Jedenfalls könnte ich mir bei dem berühmten Anfang eine Klavierschülerin vorstellen, die sich zum Vorspielen aufgeregt ans Klavier setzt und erst nach einigen Anläufen in Schwung kommt. Im F-Dur-Mittelteil scheint Elise ihre Schüchternheit ab- und stattdessen richtig loszulegen. Liegt der Charme dieses kleinen Charakterstücks darin, dass Beethoven ein musikalisches Bild mit dem Titel *Die Klavierstunde* gemalt hat?

Franz Liszt, gleich Beethoven Klavierkomponist und -virtuose in einer Person, »malt« dann anderes und Größeres. In seinem *Album d'un voyageur* (*Album eines Reisenden*) steht neben dem feurigen *Lyon*, einem zu Ehren des Lyoner Weber-Aufstands geschriebenen Stück, eine so düstere Komposition wie *Vallée d'Oberman* (*Das Tal Obermans*). Letztere hat ihren Titel nach einem Roman namens *Oberman* – Kultbuch der französischen Romantik und laut Liszt ein einziger Schrei, ausgelöst durch die »unerbittliche Einsamkeit der menschlichen Schmerzen«.

»Ja, der Geniale ist jetzt wieder hier und gibt Konzerte, die einen Zauber üben, der ans Fabelhafte grenzt«, berichtet im Frühjahr 1841 Heinrich Heine als Pariser Korrespondent einer deutschen Zeitung über Liszt. Weniger ehrfürchtig spricht er über den damals fast ebenso berühmten Alexander Dreyschock: »Er macht einen höllischen Spektakel. Man glaubt nicht, einen Pianisten Dreyschock, sondern drei Schock [hundertachtzig] Pianisten zu hören.«

In seinen eigenen Klavierkompositionen gelingt es Liszt auf großartige Weise, Virtuosität und poetische Aussage zu verbinden. Doch obwohl er schnell zum gefeiertsten Pianisten seiner Zeit aufsteigt, begegnet er der Züchtung von Tastengenies mit tiefer Skepsis. Ganz unverhohlen vergleicht er das seelenlose Üben am Klavier mit der »geistigen Verwilderung«, die ein Fabrikarbeiter bei seiner stumpfsinnigen Tätigkeit erleide. Ihm selbst wird sogar das Konzertieren je länger je mehr zu einer solchen Qual, dass er seufzt: »Was ist das doch für eine widerliche Notwendigkeit in dem Virtuosenberufe – dieses unausgesetzte Wiederkäuen derselben Sachen! Wie oftmals habe ich nicht die *Erlkönig*-Stute besteigen müssen!«

Damit spielt Liszt auf den Usus seiner Zeit an, bedeutende Orchester- und Gesangsstücke für Klavier zu arrangieren – so auch Franz Schuberts Lied *Der Erlkönig*. Übrigens geschahen solche oft halsbrecherischen Aktionen keineswegs nur aus Effekthascherei. In einer Zeit, in der es noch keine Schallplatten und CDs gab, war ein kleinstädtisches Publikum vielmehr hocherfreut, wenn es eine ihm bis dahin unbekannte Beethoven-Sinfonie wenigstens vom Klavier zu hören bekam. Liszt selbst verglich seine Bearbeitungen mit der Vervielfältigung eines Kunstwerks durch Stahlstiche oder Fotografien. Wie schon in dem Kapitel über *Mazeppa* und andere sinfonische Dichtungen erwähnt, lag ihm die Volksbildung am Herzen. »Wenn ich spiele«, meinte er, »so spiele ich stets für das Volk auf der Galerie, so dass auch die Leute, die nur fünf Groschen zahlen, etwas hören!«

IN IHREM BUCH mit dem Titel *Prestißißimo. Die Wiederentdeckung der Langsamkeit in der Musik* hat die Pianistin Grete Wehmeyer vor einigen Jahren die These vertreten, viele unserer klassischen Werke würden durch zu rasche Tempi kaputtgespielt. Das leuchtet ein, doch kaum jemand möchte auf die Zirkusatmosphäre verzichten, welche die tollkühnen Virtuosen in ihren Konzerten gelegentlich »in aller Unschuld« verbreiten.

Mir selbst ist nicht um die Kunst bange: In einer Zeit, wo sich genug Leute um »Werkgerechtigkeit« bemühen, kann sie einige Übertreibung aushalten. Es geht mir vielmehr um die angehenden Künstler, die gleich Hochleistungssportlern für Karrieren trainieren, aus denen dann nichts wird. Man kann seine Zeit weit schlechter, gelegentlich aber auch besser als mit Üben zubringen. Manchmal hilft es mehr, in sich hineinzuhorchen, als auf eine allzu ehrgeizige Umgebung zu hören.

Zwischen Impressionismus und Fin de Siècle
Debussy zaubert in »französischer« Musik

Die Deutschen haben viele bedeutende Maler hervorgebracht; gleichwohl wird man sie kein Volk der Maler nennen. Sie sind reich an Dichtern; doch was für Deutschland Goethe, ist für Italien Dante, für England Shakespeare, für Frankreich Balzac. In einem aber ist man sich ziemlich einig: Deutschland ist das Land der großen Philosophen und Komponisten. Leibniz, Kant, Hegel, Schopenhauer, Marx, Nietzsche, Freud – das ist eine beachtliche Ahnenreihe auf dem Feld der Philosophie – ebenso Bach, Haydn, Mozart, Beethoven, Schubert, Schumann, Mendelssohn, Wagner, Brahms, Bruckner, Strauss, Mahler, Schönberg im Bereich der Musik.

Das verringert nicht den Ruhm Italiens, das Land der Oper zu sein; und es rüttelt auch nicht am Genie eines Berlioz, Chopin, Tschaikowsky oder Dvořák. Es macht jedoch ein wenig stolz, während es viele andere Dinge gibt, deren man sich als Deutscher nicht gerade rühmen kann. Was aber wäre purer Stolz ohne das zugehörige Wissen? Deshalb scheint es sinnvoll, in dieser *Kürzesten Geschichte der Musik*, die ja in deutscher Sprache erscheint, einen Schwerpunkt auf die eigene Tradition zu legen …

… ohne deshalb die anderen Länder aus dem Blick zu verlieren. Da ist zum Beispiel Claude Debussy, der zwar Bach und Mozart verehrte, vor allem aber einer »französischen« Musik zugetan war, die er als sinnlich und geistvoll zugleich verstand. Richard Wagner war in seinen Augen zwar »ein großartiges literarisches und dramatisches Genie, aber kein Musiker«. Umgekehrt bewunderte Debussy an Richard Strauss nur den vollendeten Techniker: »Er hat es vorgezogen, sich auf die Orchestrierung zu konzentrieren.«

Mit anderen Worten: Ein echter Komponist ist für Debussy weder Philosoph noch Handwerker, sondern vor allem Musiker! Und was heißt das? Eine Generation vor Debussy hatte Eduard Hanslick die »absolute Musik« ausgerufen – eine Musik, die ihren Sinn allein in sich selbst trägt. Auf den Einwand, Musik müsse doch auch einen Inhalt haben, war von dem Wiener Musikästhetiker, wie wir uns erinnern, die unerschütterliche Antwort gekommen, einziger Inhalt der Musik seien tönend bewegte Formen.

Das hätte vielleicht auch Debussy akzeptiert, gäbe es da nicht den im Deutschen immer etwas verbissen klingenden Terminus »Form«. Der erinnert unweigerlich an »Sonatensatz«, »Themenaufstellung«, »Durchführung«, »Reprise«, »motivisch-thematische Arbeit« usw. und steht damit für eine Schönheit bloß technischer Art, die »außer den Mandarinen unserer eigenen Kaste« keinen Menschen interessiert. Und dementsprechend vergleicht Debussy die formale Analyse von Musik mit dem Vergnügen, Taschenuhren auseinanderzunehmen, um sich an ihrer komplizierten Mechanik zu freuen. Dem Kunstwerk komme man damit nicht näher; dessen Schönheit werde immer ein Geheimnis bleiben.

In seinen Gesprächen mit »Monsieur Croche«, wie Debussy seinen fiktiven Dialogpartner in Musikkritiken für Zeitschriften wie *La Revue blanche* und *Gil Blas* nennt, verzichtet er auf Fachausdrücke, um stattdessen von einer Orchesterpartitur »wie von einem Bild« zu sprechen. Er möchte seine persönlichen Eindrücke schildern, gemeinsam mit den Lesern die »Antriebe entdecken, aus denen Kunst entsteht«, und etwas über ihr »inneres Leben« mitteilen.

Auch seine eigene Musik soll der Hörer ohne formales oder inhaltliches Vorwissen, also ganz unmittelbar aufnehmen können. Dort sollen weder der Ordnungsfanatismus des Geistes noch die schiere Emotion herrschen, die in seinen Augen immer etwas Verlogenes an sich hat. Der französische Ästhetiker Vladimir Jankélévitch hat Debussy daher »une pudeur de l'Appassionata« bescheinigt, ein Schamgefühl angesichts leidenschaftlicher Gefühlsausbrüche. Und der spanische Philosoph José Ortega y Gasset spricht von einer Musik, welche die geschichtlich längst überfällige Wendung vom Subjektiven zum Objektiven vollzogen habe und die man »ohne Trunkenheit und Tränen« hören könne.

Was »Geist« oder »Gefühl« hervorbringen, ist in den Augen Debussys gemacht und demgemäß fiktiv. Real ist allein, was unsere Sinne aufnehmen. Folglich soll uns seine Musik geradezu körperlich treffen. Ich selbst erlebe sie wie Sonnenstrahlen, Regenschauer, unmerklich wechselnde Winde auf der bloßen Haut – oder wie Naturlaute in meinem Ohr.

Im Fall der drei *Nocturnes* für Orchester hat der Komponist seine Vorstellungen auch mit Worten erklärt: 1. *Nuages* (*Wolken*) – »Das ist der Anblick des unbeweglichen Himmels, über den langsam und melancholisch die Wolken ziehen und in einem Grau ersterben, in das sich zarte weiße Töne mischen.« 2. *Fêtes* (*Feste*) – »Ein Aufzug phantastischer Gestalten nähert sich dem Fest und verliert sich in ihm. Der Hintergrund bleibt stets der gleiche: das Fest mit seinem Gewirr von Musik und Lichtern, die in einem kosmischen Rhythmus tanzen.« 3. *Sirènes* (*Sirenen*) – »Das ist das Meer und seine unerschöpfliche Bewegung; über die Wellen, auf denen das Mondlicht flimmert, tönt der geheimnisvolle Gesang der Sirenen, lachend und in der Unendlichkeit verharrend.«

Er sei eben der Meister des Impressionismus, behaupten einige. Doch ist er es wirklich, und auf welchem Weg ist er überhaupt zur Musik gekommen? 1862, im Jahr seiner Geburt, versuchen sich seine Eltern in der französischen Provinz als Porzellanhändler. Ersten Musikunterricht bekommt der Achtjährige anlässlich eines Besuches bei seiner Tante in Cannes. Diese ist vom Talent des jungen Achille-Claude so begeistert, dass sie die nunmehr in Paris lebenden Eltern überredet, den Sohn auf das berühmte Konservatorium zu schicken.

So bekommt er denn, wie er sich später erinnert, vorbereitenden Klavierunterricht »bei einer kleinen dicklichen Frau, die mich zu Bach drängte und die ihn spielte, wie man ihn heute nicht mehr spielt, indem sie ihre ganze Seele hineinlegte«. Im Konservatorium gelandet, macht er rasch Karriere als Komponist und erhält alsbald den Ritterschlag in Form des »Grand Prix de Rome«. Diese Auszeichnung ist mit einem Rom-Stipendium verbunden, so dass Debussy die Jahre zwischen 1884 und 1887 vor allem in der Villa Médici zubringt. Dreimal spielt er Liszt vor und hört ihn auch selbst spielen.

Auf zwei Reisen zu den Bayreuther Festspielen – in den Jahren 1888/89 – hat er Gelegenheit, Wagners *Parsifal, Meistersinger* und *Tristan* zu bewundern. Zugleich gewinnt er Abstand von dieser Weltanschauungskunst. Mit dem 1894 uraufgeführten Orchesterwerk *Prélude à l'après-midi d'un faune* (*Nachmittag eines Fauns*) nach einem Gedicht von Stéphane Mallarmé – einer Ekloge in der Tradition des antiken Dichters Vergil – gelingt Debussy sein erstes großes, auch beim Publikum erfolgreiches Meisterwerk. »Ist es«, so beschreibt er einem Kritiker die Musik, »nicht vielleicht das, was in der Flöte vom Traum des Fauns zurückgeblieben ist?«

Es geht ihm nicht darum, den Symbolismus Mallarmés musikalisch auszudeuten, sondern das, was jenseits verstehbarer Worte beim Hörer der Ekloge ankommt, in feinste musikalische Schwingungen umzusetzen. Man muss sich dazu eine in der Mittagshitze flirrende Mittelmeerlandschaft vorstellen, wo der Faun im Schatten der Olivenhaine sein Wesen treibt – jene gehörnte, bocksbeinige Naturgottheit, die Pablo Picasso so oft gemalt hat. »Als er es leid ist«, erläutert Debussy, »die verängstigt fliehenden Nymphen und Najaden weiter zu verfolgen, überlässt er sich dem trunken machenden Schlaf, voll der endlich verwirklichten Träume von sexueller Erfüllung in der allumfassenden Natur.«

Zum Faun gehört die Syrinx, die Hirtenflöte. Sie wird in Debussys Komposition von der Flöte im wahrsten Sinne des Wortes »verkörpert«. Man sollte, so darf man den Künstler verstehen, Musikinstrumente nicht mit den Tuben verwechseln, aus denen man mit groben Händen Farben herausdrückt, um diese nach Belieben zu mischen. Denn entgegen einem Vorurteil, das über seine Musik kursiert, ist Debussy kein Freund jener Verschmelzungsklänge, die Wagner und Strauss zum Markenzeichen modern illusionistischen Komponierens erhoben haben.

Er liebt die durchsichtige Instrumentation Mozarts und noch mehr die Kunst Carl Maria von Webers, der nach Debussys Auffassung die Seele eines jeden Instruments erforscht und zur Geltung gebracht hat. Sogar dort, wo Weber Klänge verschiedener Instrumente kombiniere, zerstöre er nicht deren Individualität, sondern lege eine Farbschicht transparent über die andere. Ähnlich arbeitet auch Debussy selbst; und zumindest darin gleicht er impressionistischen Malern, die ja ihrerseits, anstatt die Farben zu m i s c h e n, einen Farbstrich neben den anderen setzen, so dass sich das eigentliche Bild erst aus einiger Entfernung im Auge des Betrachters zusammensetzt.

Auch Debussys Orchesterkompositionen muss man gleichsam aus der Ferne hören: Sie sind zwar im Detail völlig klar, leben aber vom Gesamteindruck. Das fordert eine meditative, das heißt ebenso gesammelte wie entspannte Hörhaltung. Man könnte sie auch als Haltung des Genießers bezeichnen, welcher sich der Situation zur Gänze hingibt, ohne doch gegenüber dem Detail unaufmerksam zu sein. Denn was wäre die Musik Debussys ohne das Detail, ohne die Kunst der Nuance und der raffinierten Schattierung!

Debussy hasst grelle Farben und heftige Kontraste. Einer seiner ersten Gedanken bei der Komposition der *Nocturnes* ist, mit Abstufungen ein und derselben Klangfarbe zu experimentieren, »was zum Beispiel in der Malerei eine Studie in Grau wäre«. Sein Vergleich mit malerischen Techniken kommt nicht von ungefähr;

denn seine *Nocturnes* sind durch James Abbot McNeill Whistler angeregt, einen vor allem in England bekannten, dem Impressionismus nicht zugehörigen, aber nahestehenden Maler. Debussy begegnet ihm bei Mallarmé und ist fasziniert von Gemälden, die Titel wie *Nocturne in Black and Gold: The Falling Rocket* oder *Nocturne in Blue-Green: Chelsea* tragen.

Obwohl Whistler und Debussy mit »impressionistischen« Malern wie Manet, Monet, Renoir usw. die Tendenz teilen, in die Natur zu gehen und auf sie zu schauen beziehungsweise zu hören, haben sie keineswegs die Absicht, die Natur zu kopieren. Vielmehr dient diese als Quelle der Inspiration: Der Künstler kann nichts gestalten, was nicht in der Natur schon angelegt wäre. Jean Cocteau, das vielseitige Kunstgenie des französischen Surrealismus, hat es so erlebt: »Debussy existierte bereits vor Debussy. Da war eine Architektur, die sich im Wasser spiegelt; da waren Wellen, die sich bilden und wieder zusammenstürzen; Zweige, die einschlafen; Pflaumen, die herabfallen, sich zu Tode quälen und Gold bluten. Aber das alles murmelte, stammelte, hatte keine menschliche Stimme gefunden, um sich auszudrücken. Tausend unbestimmte Wunder der Natur haben endlich ihren Übersetzer gefunden.«

Wer Kunstwerke erst schaffen kann, nachdem er die Natur hat sprechen lassen, ist sich klar darüber, dass sich diese Natur an alle Sinne richtet: an Auge und Ohr, an Geschmacks-, Geruchs- und Tastsinn. Demgemäß propagiert die Pariser Szene, der Debussy nahesteht, eine möglichst alle Sinne umfassende Kunst. Charles Baudelaire beschwört in seiner berühmten Gedichtsammlung *Les Fleurs du Mal* (*Die Blumen des Bösen*) die Wechselwirkung von »les parfums, les couleurs et les sons«.

Dementsprechend gründet der Dichter Paul Fort 1889 – mit gerade siebzehn Jahren – das »Théâtre d'Art«, um unter anderem an Maurice Maeterlincks Bühnenwerk *Les Aveugles* (*Die Blinden*) die Korrespondenzen von Düften, Farben und Klängen zu erproben. »Heliotrop und Maiglöckchen, Benzoegummi und Kölnisch Wasser – kein Duft wurde ausgelassen!«, erinnert sich Fort später: »In allen oberen Logen des Saals drückten Poeten und Maschinisten um die Wette auf die Quasten ihrer Parfümzerstäuber, aus denen sich in Wellen diese riechenden, viel zu stark riechenden Wolken verbreiteten.« (Waren auch die Düfte von Haschisch und Opium – den Pariser Künstlern keineswegs fremd – vertreten?)

Bald darauf lernt Debussy mit *Pelléas et Mélisande* ein bedeutendes Drama des gleichaltrigen Maeterlinck kennen. Er komponiert eine Oper mit demselben Titel und versteht sie als Gegenstück zu Richard Wagners *Tristan und Isolde*: Handlung und Musik sollen sich von deutsch-idealistischem Gefühlsüberschwang und Wagnerischer »Klangduselei« fernhalten und sich trotz der symbolistischen Grundtendenz des Dramas am Prinzip der *clarté*, der Klarheit, orientieren.

Auf der einen Seite Debussys Maxime, nach den starken, aber leidenschaftslosen Eindrücken zu arbeiten, welche die Natur vorgibt; auf der anderen Seite Maeterlincks geheimnisvoll-unbestimmte Erzählung von Pelléas' und Mélisandes unschuldiger Liebe, die von der dämonischen Energie Golauds ausgelöscht wird – wie passt das zusammen?

Einen Schlüssel zur Antwort bietet Maeterlincks Unmut über Debussys Kürzungen seines Dramentextes: Der Komponist habe dessen Intentionen im Einzelnen nicht genügend respektiert. Doch das will Debussy auch gar nicht: Er lässt die spezifische Lyrik des Dramas wie eine zweite Natur auf sich wirken und nimmt von ihren Schwingungen auf, was bei ihm ankommt – nichts Leidenschaftliches, Eiferndes oder gar Logisches, sondern kreatürliche, manchmal wie geflüsterte Laute. Die übersetzt er in Musik, als ob er Protokoll führte – Protokoll über die unschuldig naturhafte Annäherung zwischen Pelléas und Mélisande, über die blütenhafte Zartheit des kleinen Yniold, der vom eifersüchtigen Goleaud als Zeuge missbraucht wird.

Die englische Sängerin Maggie Teyte berichtet, wie sie sich im Jahr 1908 im Hause Debussys vorgestellt habe, um mit ihm nach einer Umbesetzung die Rolle der Mélisande einzustudieren. Der Komponist lässt sie lange warten, empfängt sie dann am Klavier und zeigt sich überrascht von ihrer kleinen und dünnen Gestalt: »Sie sind Mademoiselle Maggie Teyte? – Er sprach Maggie mit weichem g aus, als handle es sich um den Namen für diese italienischen Suppenwürfel. – Ja, Monsieur. – Ich werde die Mélisande bekommen, so wie ich sie haben will!« Neun Monate arbeitet er mit der Sängerin daran – fast ohne Punkt und Komma, also ohne viel Konversation zu treiben.

Debussy ist kein wirklicher Bohemien – so gern er schlemmt, so elegant er sich kleidet, so oft er sich in Kaffeehäusern mit Malern und Dichtern, seltener mit Musikern, trifft, sowenig er den Frauen auch außerhalb seiner beiden Ehen widerstehen kann. Er lebt für seine Musik, ist häufig niedergeschlagen und missgestimmt, künstlerisch eher ein Einzelgänger und schon früh von der Sorge geplagt, an die Grenzen seines Ausdrucksvermögens zu stoßen und sich wiederholen zu müssen.

Natürlich hat er auf dem Konservatorium traditionell komponieren gelernt. Doch das genügt nicht, um Vorstellungen von einer musikalischen Kunst zu verwirklichen, die jenseits von Ideologien, Konventionen, Schematismen stets nur das sagt, was im Augenblick zu sagen ist. Da ist die Natur eine gute Lehrmeisterin – oder die in Debussys Augen naturnahe javanische Musik, die er auf der Pariser Weltausstellung von 1889 bewundert. Vermutlich hätte ihm Robert Schumanns Behauptung gefallen, den Kontrapunkt mehr aus den Romanen des Romantikers Jean Paul als von seinen Kompositionslehrern gelernt zu haben.

Eine geschichts- und voraussetzungslose, in jedem Werk sich

ganz neu erschaffende Kunst ist um die Wende zum 20. Jahrhundert allerdings noch kaum vorstellbar, wenngleich der zeitweilig mit Debussy befreundete, vier Jahre jüngere Eric Satie schon damals als Enfant terrible an den Festen des guten Geschmacks rüttelt. Auf den will Debussy zeit seines Lebens nicht verzichten. Die genüssliche Salonatmosphäre, welche die zauberischen Klavierpassagen von *Claire de Lune* aus der *Suite Bergamasque* vermitteln, ist nicht nur eine spätromantische Jugendsünde, sondern zugleich echter Debussy – ein Debussy, der ohne die Pariser Salons im kommerziellen und im ideellen Sinn nicht leben kann.

GIBT ES EINE UNMITTELBARE BEZIEHUNG zwischen dem Milieu, in dem sich ein Komponist bewegt, und der Ausstrahlung, die von seinen Werken ausgeht? Romanschreiber bejahen dies lauthals, während asketische Musikforscher warnen und nochmals warnen. Anstatt uns vorschnell auf eine Seite zu stellen, sollten wir uns erst einmal klarmachen, was wir herausbekommen möchten. Wer sich ein Kunstwerk als geniale Denkkonstruktion vorstellt, wird alles daransetzen, diese Konstruktion aus sich heraus zu verstehen; und dazu braucht er über den Komponisten nicht viel zu wissen. Doch wir erinnern uns, dass Debussy diese Art der Analyse mit dem Auseinandernehmen von Taschenuhren verglich.

Erlebe ich das Musikwerk als Gegenstand einer aufregenden Kommunikation zwischen Komponist, Interpret und Hörer, so überlasse ich die ohnehin nur vordergründig zu beantwortende Frage, wie es »technisch« gemacht ist, den Spezialisten. Stattdessen will ich wissen: Welche Saiten bringt eine bestimmte Musik in mir zum Schwingen, welches Bild von der Welt vermittelt sie? Und ich frage weiter: Was für ein Mensch ist das, der diese Saiten in mir zum Schwingen bringt und mir die Welt auf seine Weise zeigt? Ich statte also dem Komponisten einen Besuch ab!

Natürlich erklären biographische Besonderheiten keine Details eines Werks. Doch es erscheint plausibel, dass ein Claude Debussy seine kultivierte, feinnervige, kühle Musik nicht hätte schreiben können, wenn er zum Beispiel in Wien gelebt und in der Haut des hinterwäldlerischen Junggesellen Anton Bruckner gesteckt hätte. Dazu bedurfte es der kulturellen Vielfalt von Paris, seiner Künstlersalons und Kaffeehäuser – mit anderen Worten: jener Atmosphäre des Fin de Siècle, die der neun Jahre jüngere Debussy-Bewunderer Marcel Proust in seinem siebenteiligen Romanzyklus *Auf der Suche nach der verlorenen Zeit* genial beschrieben hat.

Keinesfalls spiegelt sich ein Werk umstandslos im Leben oder ein Leben im Werk. Für Sinnsucher wie mich ist es jedoch ein schönes Spiel, eins auf das andere zu beziehen – Irrtum vorbehalten.

Facetten ohne Ende
Die Musik des 20. Jahrhunderts

Wenn ich an die Komponisten des 20. Jahrhunderts denke, erfasst mich besondere Sympathie – als ob sie alle meine Kollegen, meine Geschwister wären. Mit den meisten von ihnen teile ich ein Stück Lebenszeit; und das bringt sie mir nahe. Über die Zeiten Bachs oder Beethovens kann ich zwar forschen; doch wie es sich anfühlt, in ihnen zu leben, weiß ich deshalb noch nicht.

Hingegen Strauss, Bartók, Hindemith, Strawinsky, Schönberg, Berg, Webern, Ives, Varèse: Die haben, als ich zur Welt kam, noch fleißig komponiert. Und von den im 20. Jahrhundert Geborenen habe ich den einen oder anderen selbst kennengelernt. Etwa John Cage, der sich 1969 nach einem Münchner Musica-Viva-Konzert in der Kantine zu mir setzte, mich wegen meines Doktortitels beharrlich für einen Arzt nahm und – wohl eher schalkhaft – in ein Gespräch über Pilzvergiftungen verwickelte. (Er war ja ein großer Pilzkenner.) Oder Mauricio Kagel, mit dem zusammen ich 1972 ein kleines Buch über Musiktherapie geschrieben habe.

Mit diesen Begegnungen will ich mich nicht wichtigmachen: Der Musikkritiker Hans-Klaus Jungheinrich, der vor ein paar Jahren ein schönes Buch über *Unser Musikjahrhundert* geschrieben hat, könnte zum Beispiel viel kompetenter aus der Schule plaudern. Ich versuche nur zu erläutern, warum auch ein Bach-, Mozart-, Beethoven- oder Wagner-Spezialist dem eigenen Jahrhundert nähersteht als den fernen Heroen, mit denen er nur geistig kommunizieren kann.

Kollegen oder Geschwister nenne ich meine komponierenden »Zeitgenossen«, weil es ein gemeinsames Ziel gibt: nämlich die Luft »unseres« Jahrhunderts mit Musik zu erfüllen – oder, was mich angeht, mit der Kunde von Musik.

Wenn von einer Musik die Rede ist, welche die ganze Luft erfüllt, so denke ich gleich an die schöne Stelle aus dem *Weihnachtsoratorium*, wo den Hirten zu Bethlehem die »Menge der himmlischen Heerscharen« erscheint und das »Gloria in excelsis deo« anstimmt. Wer Bachs Komposition hört, wähnt tatsächlich die ganze Luft mit Gesang erfüllt; und den armen Hirten muss, wenn sie denn Vergleichbares erlebt haben sollten, ganz schwindelig geworden sein, als Gottes Boten da so mächtig zu ihnen sprachen!

Zwei Jahrhunderte nach Bach, im Jahr 1908, wird Arnold Schönberg innerhalb seines Streichquartetts op. 10, das Theodor W. Adorno als Ankündigung der »neuen Musik schlechthin« verstanden hat, die Terzinen Stefan Georges vertonen: »Ich fühle luft von anderem planeten … ich löse mich in tönen, kreisend, webend.« Da sind es nicht mehr Gottes Boten, welche die Luft mit ihrem Lobgeschrei erfüllen, sondern sehnsüchtige Menschen, denen die eigene Luft zu stickig wird. Ob sie nun Schönberg, Strauss, Schostakowitsch oder anders heißen – ihre Musik hat dazu beigetragen, dass mir aus den Lüften meines Jahrhunderts noch etwas anderes als Kriegsgeschrei, Fortschrittsgetöse oder schickes Blabla entgegenkam: nämlich die Stimmen von Künstlern, die ich als liebend, sehnsüchtig, hoffnungsfroh, gläubig, ungläubig, zärtlich, wild, kämpferisch, verletzt, verbittert, sarkastisch, spöttisch, widersprüchlich, beleidigt, neugierig, verspielt, experimentierfreudig erlebte – wie mich selbst.

Siebzehn Adjektive habe ich im letzten Satz verwandt. Dass es auch doppelt so viele hätten sein können, spricht für den Facettenreichtum der neuen Musik. Zwar hat die Musik aller Zeiten einer abwechslungsreichen Landschaft geglichen. Doch bis ins späte 19. Jahrhundert war kaum Zweifel daran aufgekommen, dass es in jeder Epoche bei aller Vielfalt ein einheitliches Streben gebe. Vor allem war man sich darin einig gewesen, dass eine elementare Basis der Musik – Lied und Tanz – zwar immer kühner überbaut, aber nie ganz aufgegeben werden dürfe.

Was sich in dieser Hinsicht geändert hat, mag ein Blick auf andere Künste verdeutlichen. Von der Malerei erwartete man bis ins 20. Jahrhundert hinein, dass sie Gegenständliches wiedergebe – wie frei und subjektiv auch immer. Und zur Literatur wollte man nur zählen, was sich in verständlichen, »logischen« Sätzen sagen ließ. Doch dann kamen die Provokationen »abstrakter Kunst«, »konkreter Poesie«, »atonaler Musik« – samt und sonders hilflose Bezeichnungen für das Neue, das sich hier Bahn bricht: Künstler aller Sparten beanspruchen die Freiheit, sich so kompromisslos zu artikulieren, wie es ihre Weltsicht fordert, und bisher unentdeckte Möglichkeiten zu erkunden. Je nach Intention nicht nur des jeweiligen Künstlers, sondern auch des einzelnen Werks werden traditionelle Vorstellungen von Form, Melodik, Harmonik, Rhythmik, Instrumentation in Frage gestellt – und damit zugleich ein verbindlicher »Sinn« von Musik.

Gleichwohl findet sich unter den Komponisten des 20. Jahrhunderts kaum einer, den man als reinen Rebellen bezeichnen könnte. Vielmehr setzt sich ein jeder auf seine Weise mit der Musik der Vergangenheit auseinander. Dennoch gilt: Wer eindeutige Orientierung und die Stimme des 20. Jahrhunderts sucht, wird es schwer haben. Da gibt es die Traditionalisten, die an die »großen Erzählungen« des 19. Jahrhunderts anknüpfen: Richard Strauss, Hans Pfitzner, Jean Sibelius, Karl Amadeus Hartmann, Sergej Rachmaninow, Sergej Prokofjew, Dmitrij Schostakowitsch. Es gibt Ironiker wie Eric Satie, Igor Strawinsky, John Cage, Mauricio Kagel; große Systembauer wie Arnold Schönberg, Karlheinz Stockhausen; Minimalisten wie Anton Webern, Philip Glass, Arvo Pärt; politisch denkende Komponisten wie Hanns Eisler, Luigi Nono, Hans Werner Henze; und Entdecker neuer Klangwelten wie Edgar Varèse, Vinko Globokar, György Ligeti.

Doch schon sträubt sich die Feder: Man könnte auch völlig andere Zuordnungen treffen; und ganz gleich, wie viele Gruppen man unterschiede: Immer blieben wichtige Namen ungenannt.

Um erst gar nicht den Anschein von Systematik oder Vollständigkeit aufkommen zu lassen, stelle ich in diesem Kapitel je einen Komponisten von A bis Z vor; und meine subjektive Auswahl enthält die Namen, die mir bei der Aufstellung einer Liste ohne viel Überlegung als erste einfielen. Bei einem Buchstaben habe ich allerdings gemogelt, weil mir kein Name einfiel, und in zwei Fällen um der Gerechtigkeit willen nachträglich einen Mann durch eine Frau ersetzt.

Armstrong, Louis, genannt Satchmo. Der amerikanische Jazztrompeter hat seinem Jahrhundert gezeigt, dass man wunderbar komponieren kann, ohne je eine Note niedergeschrieben zu haben. Allein die neuntaktige Einleitungskadenz zum *West End Blues* ist wie eine Meditation über die Grundelemente des Jazz.

Boulez, Pierre. War bis zu seinem Tod 2016 der große alte Herr der neuen Musik – als Komponist, Dirigent und Organisator. Der 1925 in Frankreich Geborene war ein Wunder an musikalischer Bildung und Intelligenz, Förderer der seriellen, aleatorischen und elektronischen Musik. In seinen Kompositionen verbindet sich höchste Präzision mit Kühle.

Cage, John. Musik muss nicht komponiert werden, so heißt seine Botschaft. Vielmehr kann man spannende Klangereignisse einfach »herbeiführen«. In einem Extremfall wie dem Konzertstück »4'33« geschieht dies dadurch, dass die auftretenden Musiker sich hinsetzen und danach vier Minuten und dreiunddreißig Sekunden lang die akustischen Vorkommnisse im Saal zur »Musik« werden lassen.

Döhl, Friedhelm. Der Göttinger will in seinen Werken deutlich machen, »dass das Labyrinth unserer Existenz nur als Fragment fassbar ist«. Seine Musik ist vielfacher Ausdruck des Leidens und soll uns gezielt »die ästhetische Sprache verschlagen«.

Eisler, Hanns. Der Schönberg-Schüler war beileibe nicht der einzige Komponist, der sich für eine bessere Welt eingesetzt hat. Indem er zur Zeit der Weimarer Republik Arbeiterlieder wie *Vorwärts* *und nicht vergessen* und die Musik zu Brechts Film *Kuhle Wampe* komponierte, handelte er jedoch bewusst politisch.

Ferneyhough, Brian. Der 1943 geborene Engländer geht der komplexen Mikrostruktur des Klanges nach, arbeitet mit Mikrotönen und hoch differenzierten Rhythmen. Nichts für ungeduldige Hörer.

Gubajdúlina, Sofia. Einer ihrer Großväter war ein Mullah, der den Koran in verschiedene Sprachen übersetzte, ihr Vater ein Tatare. In meinen Augen hat sie von allen Komponistinnen der Gegenwart die stärkste Ausdruckskraft; wohl nicht zufällig enthalten viele ihrer Kompositionen eine religiöse Botschaft.

Henze, Hans Werner. Ästhet und politisch denkender Komponist zugleich. In *El Cimarrón*, einem Recital für Bariton sowie je einen Flötisten, Gitarristen und Schlagzeuger, erzählt er die Geschichte eines entlaufenen kubanischen Sklaven – kompositorisch subtil und doch realistisch. Die vier in *El Cimarrón* mitwirkenden Musiker dürfen »unterwegs« ausgiebig improvisieren.

Ives, Charles. Seine erste Komposition war ein Grabgesang auf die Familienkatze. Der auch als Versicherungskaufmann erfolgreiche Amerikaner ist als Komponist vor allem durch seine »Märsche« bekannt geworden – herrlich chaotische Treffen von Kapellen, die sich aufeinander zuzubewegen und schließlich hoffnungslos ineinander zu verkeilen scheinen.

Jara, Victor. Der chilenische Liedermacher sang vor allem für die Armen seines Landes. Nach dem Putsch des Diktators Pinochet verschleppte man ihn in ein Internierungslager. Damit er dort nicht weiter zur Gitarre singen konnte, brach man ihm die Hände und erschoss ihn später. In seinem Lied von dem kleinen Luchin heißt es in der letzten Strophe: »Allen Kindern wie Luchin, die von Dreck und Würmern leben, wollen wir die Tür auftun, wollen ihnen Freiheit geben.«

Kagel, Mauricio. Für den in Argentinien geborenen, 2008 in Köln gestorbenen Komponisten besteht die musikalische Welt vor allem aus bizarren Klängen. In seinem Stück *Zwei-Mann-Orchester* lässt er die beiden ausführenden Musiker eine Mischung von Jahrmarkts- und Teufelsmaschine bedienen: Stäbe, Schläuche, Drähte, Laufräder und Schienen lösen Klänge von Trommeln, Hupen und Triangeln aus. Eine Ziehharmonika macht sich selbständig …

Ligeti, György. Dem gebürtigen Siebenbürgener geht es nicht – wie vielfach Kagel – um groteske Klänge. In den *Atmosphères* von 1961 zeigt er sich eher als Nachfolger Debussys: Weil sich die rhythmische und melodische Struktur des Stückes nur minimal ändert, wird es vom Hörer als ein einziges Klangband erlebt – dargeboten von 89 Orchestermusikern, deren jeder seine eigene Partie hat.

Monk, Meredith. Sie wurde 1943 in Lima geboren und lebte später vor allem in New York. Ihre Musik erschließt sich im Kontext von Bild, Tanz, Theater und Film. Heute gilt sie als bedeutende Performance-Künstlerin. Die überwiegend nonverbale »Oper« *Atlas* von 1991 ist vom Leben der Alexandra David-Neel inspiriert, der ersten westlichen Frau, die nach Tibet reiste.

Nono, Luigi. Der ebenso politische wie spirituelle italienische Komponist war vielen seiner Schüler auch persönliches Vorbild. Seine späte, 1984 in Venedig uraufgeführte Oper *Prometeo* wirkt wie ein Gegenentwurf zu Wagners *Ring*: Die Welt geht durch viel Leid auf eine neue Hoffnung zu, was freilich rastlose Anstrengung und Verzicht bedeutet.

Oliveros, Pauline. Nicht nur als Komponistin, Improvisatorin und virtuose Akkordeonistin, sondern auch angesichts ihres organisatorischen Engagements ist sie eine Schlüsselfigur des alternativen amerikanischen Musiklebens. In ihrem Stück *Horse sings from cloud* gibt es die Anweisung: »Halte einen oder mehrere Töne, bis jeder Wunsch, diese zu wechseln, verschwunden ist. Wenn es keinen Wunsch nach Änderung mehr gibt, dann wechsele!«

Pärt, Arvo. »Tintinnabuli, das ist ein erstaunlicher Vorgang –

die Flucht in die freiwillige Armut«, so schreibt der heute in Berlin lebende estnische Komponist über seinen Tintinnabuli-Stil, der ihn zu archaisch-kargen und doch schönen, meist geistlich motivierten Kompositionen anregt.

Qrtág, György (eigentlich: Kurtág). »Meine Muttersprache ist Bartók, und Bartóks Muttersprache war Beethoven«, hat der gleich Ligeti aus dem rumänischen Siebenbürgen stammende Ungar einmal gesagt. Folgerichtig beschäftigt ihn die musikalische Tradition unter der Fragestellung, wie man Musik über Musik schreiben und dabei ganz bei sich bleiben könne. Die acht Hefte *Játékok* (»Spiele«) sind eine Fundgrube für Pianisten.

Rihm, Wolfgang. Ohne Kompromisse zu schließen, sucht der in Karlsruhe lehrende, 1952 geborene Komponist die Kommunikation mit den Hörern. Für ihn entsteht und wächst der Klang dort, wo die Verletzlichkeit des Inneren offengelegt wird: »Uns muss es schütteln vor Energie, oder wir müssen lautlos sein vor Leere, dann sind wir Komponisten.«

Schönberg, Arnold. Strenge seiner Kunstauffassung verbindet sich mit Mut zum Wandel: Sein Weg führt über Spätromantik und freie Tonalität zur Methode, mit zwölf Tönen zu komponieren. 1909, als es in ihm besonders gärt, vertraut er seinem Kollegen Ferruccio Busoni an: »Meine Musik muss kurz sein. Knapp! In zwei Noten: nicht bauen, sondern ausdrücken!« Jahre später wird er sich mit *Moses und Aron* an eine weit ausholende Oper wagen, die freilich unvollendet geblieben ist.

Tippett, Michael. Der Doyen der englischen Musik starb 1998 im Alter von fast 93 Jahren. Obwohl er sich den klassischen Formen verpflichtet fühlte, hat Tippett seine zivilisationskritischen Opern *The Knot Garden* und *The Ice Break* mit Elementen aus Rock- und Popmusik angereichert.

Ullmann, Victor Joseph. Weil das Ghetto Theresienstadt nordwestlich von Prag den nationalsozialistischen Machthabern als Vorzeigeprojekt für ausländische Beobachter diente, durften dort kulturelle Projekte durchgeführt werden – so auch Proben zu Ullmanns Oper *Der Kaiser von Atlantis oder die Todverweigerung.* Der SS blieben jedoch die Anspielungen auf Hitler und seinen tödlichen Krieg nicht verborgen: Sie verbot die Uraufführung und schickte den Komponisten gemeinsam mit vielen Mitwirkenden in die Gaskammern von Auschwitz.

Varèse, Edgar. 1929–1931 schrieb der in Paris geborene und in New York gestorbene Sohn eines italienischen Ingenieurs ein Stück für Dutzende von Schlaginstrumenten und Sirenen mit dem Titel *Ionisation.* Ein Lexikon der Zeit erklärt dieses Wort als »Umwandlung von Atomen in Ionen, die bei der Lösung von Salzen, Säuren, Basen usw. in Wasser auftreten«. In diesem Sinn will Varèse das traditionelle musikalische Universum aufsprengen und anschließend auch alles das hineinlassen, was man bisher als bloßes Geräusch diffamiert hat.

Weill, Kurt. In den »goldenen« zwanziger Jahren Berlins komponierte er für Bert Brecht die *Dreigroschenoper* und wurde alsbald Spezialist für einen betont antiromantischen, mondän zynischen Stil. Bewusst bekannte er sich zu einer Musik, die auf Ewigkeitswert verzichtete und stattdessen der eigenen Zeit dienen sollte. Als Jude musste er 1933 emigrieren, konnte jedoch am New Yorker Broadway, ohne seine künstlerischen Überzeugungen zu verraten, beachtliche Erfolge feiern.

Xenakis, Iannis. Sein kompositorisches Programm verfolgt der gebürtige Grieche mit naturwissenschaftlicher Präzision. Daher konnte der architekturkundige Künstler seine Komposition *Metastaseis* auch zur Berechnung des von ihm entworfenen Philips Pavillons auf der Brüsseler Weltausstellung heranziehen.

Yun, Isang. Wie viele der bisher genannten Vertreter neuer Musik litt er unter den politischen Verhältnissen in seinem Heimatland. In diesem Fall handelt es sich um Südkorea, wohin man Yun als Berlin-Stipendiaten in den 60er Jahren einmal mit Gewalt zurückholte. Yuns Kompositionen sind trotz ihres weithin »westlichen« Gestus von den Grundkategorien des Taoismus – Yang und Yin – und dem Prinzip der »Bewegtheit in der Unbewegtheit« geprägt.

Zimmermann, Bernd Alois. Seine 1965 in Köln uraufgeführte Oper *Die Soldaten* hat mich damals tief beeindruckt: aufgrund der bis ins Letzte durchdachten kompositorischen Struktur, der aufregenden multimedialen Zeit- und Raumkonstruktion, der tragischen Geschichte von Stolzius und Marie – zweier Menschen, die ihrem gesellschaftlich determinierten Schicksal nicht entkommen können.

MAN KÖNNTE DAS ALPHABET gleich noch einmal durchgehen, diesmal mit George Antheil oder Georges Auric anfangen und mit Béla Bartók, den Beatles, Alban Berg, Luciano Berio, Leonard Bernstein, Günter Bialas, Benjamin Britten fortfahren. Weil dazu der Platz fehlt, provoziere ich lieber mit der Frage: Was erwarten wir überhaupt von einem zeitgenössischen Komponisten? Wer sich nur »bedienen lassen« will und glaubt, dass Musik auf Anhieb gefallen müsse, wird leicht enttäuscht sein.

Ich selbst lege andere Maßstäbe an und betrachte die Welt der Musik als e i n e große tönende Schöpfung, in der auch solche Stimmen ihren Platz haben, die mich nicht zu fesseln vermögen – zumal sich das ändern kann: Was gestern fremd war, kann heute vertraut sein; und was ich heute liebe, kann morgen aus meinem Horizont verschwunden sein. Und ganz gleich, ob mir eine neue Stimme gefällt oder nicht, sagt sie mir, dass diese Erde von Menschen bewohnt ist, die sich spüren wollen.

Ja – Musik ist auch etwas gegen die Angst – gegen die Angst, allein zu sein; gegen die Angst, Raum und Zeit hilflos ausgeliefert zu sein; gegen die Angst, in der Welt nicht gehört zu werden. Natürlich gibt es ganz unterschiedliche Weisen, gegen die Angst anzusingen. Von traditioneller Musik erwarten viele, dass sie uns aus der grauen Wirklichkeit in eine bessere Welt entführen solle. Franz Schubert hat diese Vorstellung in seinem Lied *An die Musik* beschworen: »Du holde Kunst, in wie viel grauen Stunden, wo mich des Lebens wilder Kreis umstrickt, hast du mein Herz mit warmer Lieb entzunden, hast mich in eine bessre Welt entrückt!« Doch derselbe Schubert lässt uns durch seine Musik erleben, wie unbefriedigend eine Wahrnehmung von Kunst wäre, in der nicht auch die Angst – als etwas dem Menschen Zugehöriges – zum Sichspüren gehörte. Dasselbe gilt für die Musik Bachs, Beethovens und Wagners: Wer hielte schon ständige Jubelparolen aus!

Komponisten »neuer« Musik verzichten oft auf jederart Verklärung, um ohne Zwang zum Happy End ausdrücken zu können, was sie erleben – oder was von ihrem Erleben künstlerisch ausdrückbar ist. Andere finden, dass die Komponisten im Laufe der Musikgeschichte genug von sich selbst »ausgedrückt« hätten, deshalb von der eigenen Person einmal absehen und lieber die Musik befragen sollten, was s i e denn an Neuem mitzuteilen habe. Vielleicht, so meinen sie, gibt es in der Schöpfung Interessanteres als die Unergründlichkeiten der menschliche Seele. Wieder andere wollen aufrütteln.

Wie arm wären wir ohne die »Klassiker«! Und wie beengt lebten wir ohne die »Neutöner«!

»My Daddy sings the blues, but I rap it!«
Blues, Rock, Jazz und ihre »schwarzen« Wurzeln

Nicht nur die europäische Kunstmusik hat einen Siegeszug um die Welt angetreten, sondern auch der Blues – wenn wir darunter weniger ein Formschema als eine besondere Haltung des Musizierens verstehen.

Big Bill Broonzy, als Kind schwarzer Sklaven in Arkansas, USA, geboren und bekannt durch seinen Black, Brown and White Blues, hat die dazu passende Geschichte erzählt: »Ich erinnere mich, dass ich einmal mit meinem Onkel zum Fischen war. Wir fingen zwar keinen einzigen Fisch, erwischten aber eine große Schildkröte. Mein Onkel schlug ihr den Kopf ab und ging dann mit mir für eine Weile ins Haus. Als wir wieder rauskamen, war die Schildkröte weg. Wir fanden sie erst in der Nähe des Sees wieder, wo wir sie erwischt hatten, und mein Onkel meinte: ›Da ist eine Schildkröte, die ist tot und weiß es nicht.‹ Und so geht es vielen Leuten heutzutage: Sie haben den Blues und wissen es nicht!«

Ein tolles Bild, das eigentlich auch den Letzten vom Vorurteil heilen müsste, dass Bluessänger es vielleicht gut meinten, aber außer ein paar netten Redensarten nichts im Hirn hätten. Denn es hält uns einen untrüglichen Spiegel vor: Wer nicht spürt, dass er den Blues in sich hat, ist längst tot, obwohl er wie eine kopflose Schildkröte durchs Leben rennt.

Und was ist der Blues? Nach Johnny Shines, einem Kollegen von Big Bill Broonzy, steht der Blues für den »Mut, sich dem Leben zu stellen«. Das meint etwas anderes als die uns geläufige Redensart: »Ich hab den Blues!«, und widerspricht auch der europäischen Vorstellung, die *blue notes* – gemeint sind die vermeintlich »unsauber« zwischen »Dur« und »Moll« changierende dritte und siebte Stufe der Bluestonleiter – seien Ausdruck von Melancholie. Blues-

Sänger und -Sängerinnen drücken mit diesen Intervallen zwar Ergriffenheit und Erregung aus, lassen sich jedoch niemals hängen. Vielmehr sehen sie das Leben realistisch – gemäß dem schon erwähnten Black, Brown and White Blues:

Just listen to this song I'm singin', brother,
You know it's true:
If you're black and got to work for living,
here's what people will say:
Now if you're white, you're all right,
and if you're brown, stick around [warte],
but if you're black, oh brother, get back [hau ab].

Auch wenn vom *trouble in mind* gesungen wird, hofft man bei allem äußeren und inneren Durcheinander auf den nächsten Sonnenstrahl. »Den Blues haben« bedeutet also vor allem, sich zu spüren und sinnlich zu erleben – in Kraft und Ohnmacht, Armut und Würde. Das schafft, wie jede authentische Volksmusik, ein Zusammengehörigkeitsgefühl: Die Bluesgesänge, die wir von frühen Schallplattenaufnahmen her kennen, trägt zwar ein Einzelner vor; dennoch sind sie nichts ohne all die *brothers and sisters,* die bei Live-Konzerten nicht nur stumm dasitzen, sondern eingreifen, die Songzeilen bestätigen und die Sänger anfeuern. Damit erinnern sie an das den frühen Blues bestimmende Prinzip von *call and response.*

Blues ist eine Haltung zur Welt, die es in unserer zwischen Zweckoptimismus und Selbstmitleid schwankenden Zivilisation kaum mehr gibt, die jedoch an tiefe Schichten menschlicher Erfahrung anknüpft: an die Vorstellung, Teil der leidenden, kämpfenden und immer aufs Neue sich feiernden Schöpfung zu sein. Kein Wunder, dass die Blues-Sänger nicht selten noch in hohem Alter auftraten: Niemand bemängelte, dass die Stimme vielleicht schon etwas brüchig klang, wenn eine authentische *message* herüberkam.

Gerade in den Anfängen der Gattung ist die Situation, in der gesungen wird, viel wichtiger als die eine oder andere musikalische Einzelheit. Als der Volksmusikforscher Cecil J. Sharp Anfang des 20. Jahrhunderts in den Southern Appallachians nach alten Liedern fahndet, bekommt er oftmals Antworten wie: »Ich kann mich nicht mehr an alles erinnern. Wenn ich aber die Kühe nach Hause treiben würde, wäre das Lied sofort da.«

Doch natürlich definiert sich der Blues auch über musikalische Formen. Diese zeigen einerseits über Generationen hinweg eine beachtliche Konstanz, andererseits unterliegen sie dem allgemeinen gesellschaftlichen Wandel. Die Vorformen des Blues findet man in der musikalischen Kommunikation der aus Westafrika nach Nordamerika verschleppten Schwarzen. Da gibt es zum Beispiel *field hollers* – Rufe, die der Verständigung dienen und sich durch besondere Gesangstechniken auszeichnen: Jodeln, Falsettgesang, Glissando, Triller, große Sprünge. Der schon hier praktizierte Wechsel von *call and response* wird dann in Arbeitsliedern ganz systematisch angewandt. Der Worksong schwarzer Sträflinge etwa, die auf einer Staatsfarm in Texas arbeiteten, beginnt folgendermaßen:

VORSÄNGER: Why don't you come an'be a witness
CHORUS: ... for my Lord.
VORSÄNGER:... be sanctified [ein geheiligter] witness
CHORUS: ... for my Lord.
VORSÄNGER: ... be a Holy Ghost witness
CHORUS: ... for my Lord.
VORSÄNGER: be a number one witness
CHORUS: ... for my Lord.
VORSÄNGER: be a witness in the wilderness

CHORUS: ... for my Lord.
VORSÄNGER: Oh, Jack o'Diamonds was a witness
CHORUS: ... for my Lord ...

Wir wissen nicht, wie gläubig die Sträflinge gewesen sind, die in ihrem Lied nach »Zeugen für Gott« riefen und zugleich im Rhythmus der Gesänge ihre Arbeit verrichteten. Sicher ist jedoch, dass sie sich des »double talk« bedienen, wenn sie sich im Laufe eines Liedes mehr und mehr von biblischen Bildern lösen und Zeugen ganz anderer Art besingen – etwa einen Jack o'Diamonds, der vermutlich als aktueller »Märtyrer« oder aber als Zeuge für einen gelungenen Ausbruch gefeiert wird, ohne dass es die Aufseher kapieren.

Im Zeichen sanfter Gewalt entsteht hier eine christliche Kultur »von unten«, die auch in dem berühmten Lied *We shall overcome* ihre Spuren hinterlassen hat: Dieses hat seinen spezifischen Charakter auch auf dem langen Weg vom Spiritual zum Protestlied der amerikanischen Bürgerrechtsbewegung nicht verloren.

Doch zurück zu den musikalischen Formen des Blues: Das sprichwörtliche zwölftaktige »Blues-Schema« – 4 Takte Tonika, 2 Takte Subdominante, 2 Takte Tonika, 1 Takt Dominante, 1 Takt Subdominante, Rückkehr zur Tonika – belegt die »Kultivierung« einer ursprünglich wilderen Blueslandschaft – ein Vorgang, den man zugleich innermusikalisch und ökonomisch erklären kann.

Kulturell betrachtet, wollten sich die schwarzen Amerikaner nicht nur gegen ihre weißen Unterdrücker abgrenzen, sondern nach Möglichkeit auch einen Platz in der weißen Gesellschaft finden. So hörten sie gern zu, wenn weiße Arbeiter ihre Folksongs sangen, die sich durch eine prägnante, vom Kadenzschema I – IV – V – I geprägte Liedform auszeichnen. »Das können wir auch«, sagten sie, »doch wir tun das Unsere dazu.« Und damit meinten sie zum Beispiel Polyrhythmik, Offbeatphrasierung, Improvisation und Hot-Spiel.

So entstand eine musikalische Form, die sich von der aufkommenden Musikindustrie kommerziell gut verwerten ließ: Ein standardisierter Blues hatte auf einer 78er-Schellackplatte Platz und konnte über dieses Medium im kommerziellen Rundfunk gesendet werden. Das war vor allem etwas für die »Race Music« genannten Programme und Labels; doch solange es nicht zu »hot« daherkam, stellte es eine willkommene Abwechslung auch für weiße Hörer dar.

Nelson George, ein leidenschaftlich für schwarzamerikanische Musik engagierter Journalist, hat in den letzten Jahrzehnten immer wieder die Anpassung schwarzer Musik an die Normen der von Weißen beherrschten Musikindustrie beklagt. Das ehrt ihn und erscheint zugleich ein wenig blauäugig: Zu allen Zeiten haben Komponisten, um von vielen verstanden zu werden, ihre individuelle Sprache an herrschende Normen anpassen müssen. Dass es den Sinfonien des reifen Mozart gelegentlich an der Unbekümmertheit seiner ersten Sinfonie mangelt, macht sie nicht gerade schlechter.

Wenn der zu seinen Lebzeiten mehrfach mit der Ehrendoktorwürde ausgezeichnete Bluessänger B. B. King vor gemischtem Publikum seine Ballade *Why I Sing the Blues* vorträgt, dann klingt das zwar glatter, als ein alter, wilder Country Blues gewirkt haben mag; jedoch kommt in Gesangs- und Gitarrenstil immer noch so viel an Blues-Vitalität herüber, dass es für Liebhaber abendländischer Kunstmusik Grund zu Staunen und Bewunderung gibt. Es gehört zum Wesen von Kultur, dass im Zuge des geschichtlichen Wandels das eine beibehalten, das andere abgestoßen wird – im Sinne des typischen Generationenwechsels. So kann der Rapper, Sänger und Gitarrist Chris Thomas King auf einer 1994 erschienenen CD *21th Century Blues ... From Da 'hood* behaupten: »My Daddy sings the blues, but I rap it!«

Denn natürlich ist der Rap nicht vom Himmel gefallen, vielmehr lässt sich seine Geschichte, wie der Insider David Toop in einer ebenso eigenwilligen wie phantasievollen Aufzählung von 1992 festhält, über Discomusik, Straßenfunk, Radio-Discjockeys, Bo Diddley, Bebop-Sänger, Muhammad Ali, A-Cappella- und Doo-Whop-Gruppen, Seilspring-Reime, Gefängnis- und Soldatenlieder bis hin zu den Griots in Nigeria und Gambia zurückverfolgen. Hier lebt, so zerstörerisch manche Aussage daherkommen mag, alte Volkskultur weiter; und es wäre sinnlos, Authentisches und Kommerzielles trennen zu wollen: Wir alle halten uns bei unseren kulturellen Betätigungen zwischen den Polen von Kommerz und Selbstfindung auf!

Das gilt genauso für die Geschichte des Rock 'n' Roll und des Beat, die eng mit derjenigen des Blues verknüpft ist. Vom Country Blues geht es nämlich nicht nur in den glatteren Urban Blues der Berufssänger, sondern auch in den Rhythm & Blues – das ist schwarze Tanzmusik auf Blues-Basis. Zum typischen Rhythm & Blues, wie er sich seit etwa 1945 etabliert, gehört ein aggressiver elektrischer Bass, der die gesamte Rhythmusgruppe in den Vordergrund spielt und Vorbild jener »wummernden« Bässe ist, ohne die in den heutigen Discotheken nichts mehr läuft. Manche Stücke, die der Vibraphonist Lionel Hampton mit seinen Bands aufgenommen hat, zeugen von dieser unkomplizierten, rauen, dynamischen und lebenslustigen Musik – zum Beispiel die Platte *Hey Baba-rebop* von 1945. (In den Bands von Louis Armstrong und Benny Goodman spielte Hampton seine lyrischen Qualitäten aus.)

Da das Geschäft mit der Schallplatte inzwischen immer lukrativer geworden war, versuchten bald auch Firmen, die eine weiße Klientel bedienten, den stimulierenden Sound des Rhythm & Blues für sich zu nutzen. Um die Musik »sozialverträglich« zu machen, musste sie jedoch von allzu derben sexuellen Anspielungen gereinigt werden. Vor allem dem schwarzen Sänger Chuck Berry, der wie viele andere seine Karriere in einem Gospelchor begonnen hat, gelang es in seinen Hits vorzüglich, das junge Publikum der weißen Unterschicht ersatzweise mit Wortwitz und ironischen Untertönen zu begeistern. Dass der Rhythm & Blues beim *cross over* auch seinen Namen wechselt, zeigen die Titel von Berrys Musikfilmen und Schallplatten: *Rock, Rock, Rock* und *Roll over Beethoven* von 1956, *Rock 'n' Roll Music* von 1957.

Es dauerte nicht lange, da schwappte die Rock-'n'-Roll-Welle nach England über, wo man sich an die eigene Tradition von *folk music* erinnert fühlt. Aus traditionellen *skiffle groups* werden *beat bands,* die auf der Basis des Rock 'n' Roll allmählich zu ihrem eigenen Stil finden. Das gilt auch für die beiden berühmtesten Gruppen des englischen Beat – die Beatles und die Rolling Stones.

Beide verfügen jedoch über eine erstaunlich breite Ausdruckspalette, die bei den Beatles von Ohrwürmern wie *Yesterday* bis zu elektronischen Experimenten im *White Album* von 1968 reicht. Niemand wird heute bestreiten, dass George Harrison, John Lennon, Paul McCartney und Ringo Starr ein kollektiv komponiertes Œuvre von hohem Niveau und großer Vielseitigkeit geschaffen haben. Ebenso wenig wird man leugnen, dass *I can't get no Satisfaction,* der vielleicht bekannteste Song der beiden »Rolling Stones« Mick Jagger und Keith Richard, in einer Weise vom Überdruss am alltäglichen Leben erzählt, die einer ganzen Generation aus der Seele sprach.

Latent politische Aussagen, wie sie sich in einigen Songs der Rolling Stones finden, werden noch weit deutlicher von Gruppen wie Advanced Chemistry oder von Frank Zappa artikuliert. Im Deutschland der 70er Jahre gibt die Rockband Ton, Steine, Scherben mit Rio Reiser als Leader und mit Songs wie *Ich will nicht werden, was mein Alter* ist eine Vorahnung des Punk. Doch erst die englische Gruppe Sex Pistols in England verhilft dem anarchischen Punk zum Durchbruch, zu dessen Erzeugung nach einer damals gängigen Redensart eine elektrische Gitarre und drei Akkorde genügen. Indessen ist die ursprünglich dem Punk nahestehende deutsche Band Einstürzende Neubauten mit dem Leadsänger Blixa Bargeld ein Beispiel dafür, dass die Ablehnung bürgerlicher Werte noch zu ganz anderen musikalischen Entwicklungen führen kann. Hier könnten auch Richtungen wie Grunge, Reggae, Hip-Hop und viele andere genannt werden.

Wir lassen die Frage offen, wie konkret sie sich noch auf den Blues berufen können, und wenden uns stattdessen einem anderen und besonders langlebigen Kind des Blues zu – dem Jazz. Dessen Anfänge liegen in jenem New Orleans, das im Sommer 2005 von der schrecklichen Flutkatastrophe heimgesucht wurde, die auch einzelne Kultstätten des Jazz nicht verschonte.

Schon von jeher war die am Mississippi-Delta gelegene Hafenstadt ein Treffpunkt unterschiedlicher Kulturen und Traditionen – ein Schmelztiegel afrikanischer, indianischer und europäischer Elemente. Der New-Orleans-Stil, der ab 1900 zum Markenzeichen dieser Stadt wurde, war an sich nur eine von unzähligen anderen Spielarten populären Musizierens – jedoch als Mischung offenbar unschlagbar: Die Musik der »weißen« Marsch- und Zirkuskapellen wurde auf pikante Weise »hot« dargeboten. Manchmal spielten schwarze und weiße *marching bands* um die Wette; und da war diejenige Band im Vorteil, die besonders feurig über einen »Chorus« improvisieren konnte – im Kollektiv oder der Reihe nach auf einzelnen Instrumenten.

Die Entwicklung des Jazz – New Orleans, Chicago-Stil, Swing, Bebop, Cool, Hard Bop, Free-Jazz, Fusion – ist keineswegs so geradlinig verlaufen, wie dies in Jazzgeschichten der Übersichtlichkeit halber dargestellt wird. Speziell durch die vielen Überschneidungen und Uneindeutigkeiten ist der Jazz bis heute pikant geblieben. Und die Jazzgeschichte ist reich an Musikern, die sich in verschiedenen Stilen tummelten. Das gilt nicht zuletzt für die Vertreter des Bebop, welche in den 1940ern ihr Geld mit gefälliger

Swing-Musik à la Glenn Miller verdienen mussten, jedoch nach Feierabend in kleinem Kreis einen Jazz pflegten, in dem nicht mehr über ein Thema, sondern nur noch – in abgerissenen, nervösen Phrasen – über eine Harmoniefolge improvisiert wurde.

Bebop-Spieler der ersten Stunde wie Charlie Parker, Thelonious Monk und Dizzy Gillespie bahnten dem modernen, avantgardistischen Jazz à la Charles Mingus, John Coltrane, Ornette Coleman und Miles Davis die Wege. Während legendäre Jazzer wie Louis Armstrong und Duke Ellington bei aller Kreativität und Vielseitigkeit stets dem traditionellen Jazz die Treue hielten und gleichsam anderen zur Freude spielten, sind die vielseitigen und wandlungsfähigen Repräsentanten der neuen Jazz-Kunst eher auf der Suche nach sich selbst oder nach dem Grund der Dinge.

Der Ausspruch von Miles Davis, »I want to play the most important notes«, erinnert schon fast an die Intention Johann Sebastian Bachs, in seiner Musik möglichst schnell zum Wesentlichen zu kommen. Zugleich liegt darin ein Hinweis auf religiöse oder zumindest meditative Strömungen im gegenwärtigen Jazz, die der Spielfreude und Improvisationslust freilich selten Abbruch tun.

WAS UNTERSCHEIDET DEN JAZZ trotz seiner vielen Facetten im Grundsatz von sogenannter klassischer Musik? Wenn der Jazzliebhaber die Namen seiner Lieblinge auf der Zunge zergehen lässt, so denkt er weder nur an einen Komponisten noch allein an einen Sänger oder Instrumentalisten. Er hat vielmehr einen Menschen im Sinn, der seine Musik inmitten des magischen Dreiecks von Komposition, Improvisation und Interpretation macht. Da hat sich ein ganzheitliches Moment erhalten, das der klassischen Musik durch deren Scheidung in »Partitur« und »Aufführung« weitgehend verlorengegangen ist.

Damit sind wir zum Anfangskapitel zurückgekehrt – zur Musik

der Naturvölker. Dort gibt es den musizierenden Schamanen, der Geist *und* Körper der Musik vorstellt; der alte Regeln befolgt und dennoch ganz in der Situation aufgeht; dessen Finger spielen, was der Geist will, und dessen Geist doch nur verlangt, was die Finger können. Ein solcher Regelkreis suggeriert, dass die erklingende Musik nicht nur so sein *kann*, wie sie ist, sondern so sein *muss*. Anders gesagt: Die Musik spielt sich selbst, und wir sind mittendrin.

Dieses ganzheitliche Verständnis von Musik ist von den Naturvölkern auf den Blues übergegangen und von dort in den Jazz gewandert. Dass es sich dort inzwischen technisiert hat, muss kein Nachteil sein: Nur technisch gewappnet ertragen wir die erwünschte Begegnung mit den Anfängen unserer Kultur.

Und was unterscheidet den Jazz vom Rock, wo doch beide ihre schwarzen Wurzeln haben? Zumindest in einigen seiner Spielarten hat Rock mit »Power«, mit Machtanspruch, zu tun – das beginnt beim Sound und endet bei offenen oder versteckten politischen Botschaften. Demgegenüber hat sich der Jazz, ohne deshalb unpolitisch zu sein, stets als gewaltlose Kunst verstanden und damit dem Blues auf eine spezielle Art die Treue gehalten.

»Ich will das Morgenrot wecken«, heißt es im 57. Psalm – ein Bild, das mir auch als Musikhistoriker gefällt: Die Vergangenheit, von der ich erzähle, war ja einmal Gegenwart; und wer gerade in ihr lebte, hatte es jeweils mit größten Neuheiten zu tun.

Bewusst habe ich in meinem Buch versucht, das Morgenrot zu wecken, das zu Beginn der von mir jeweils angesteuerten Epoche leuchtete. Und vielleicht ist deutlich geworden, dass ich von der Entdeckung karolingischer Mönche nicht weniger fasziniert war als von Neuheiten in Mozarts Opern, vom subtilen Musikgeschmack eines Debussy oder vom Avantgarde-Bewusstsein mancher noch lebender Komponisten.

In jedem Morgenrot finden wir uns selbst wieder – als Menschheit, die auf der Suche ist und nicht zuletzt im Medium der Kunst immer neue Entwürfe von sich macht. Keiner dieser Entwürfe ist die einzige Wahrheit, keiner ist nutzlos; vielmehr gehören alle zusammen in das große Arsenal unserer Hoffnungen, ohne die wir nicht leben könnten.

Hofft der Mensch von Generation zu Generation vernünftiger, zweckmäßiger? Ich glaube es nicht. Und ebenso wenig glaube ich an die Musikgeschichte als eine Kompositionsgeschichte, die Schritt für Schritt nach den Gesetzen des Fortschritts verlaufen wäre. Nein – da gibt es so viele Zickzacklinien, Rückwendungen, Sprünge und Brüche, dass ich eine andere Vorstellung bevorzuge: Was wir Musik nennen, ist Teil einer komplexen und widersprüchlichen Geschichte kulturellen Handelns. So betrachtet, lädt sie nicht nur Spezialisten für Musiktheorie zum Nachdenken und Forschen ein, sondern einen jeden, dem die eigene Musikkultur nahegeht. Geschichte ist immer ein Stück seiner Gegenwart.

Wer das Morgenrot wecken will, macht am besten selbst Musik. Da verschwindet der historische Abstand schnell zugunsten purer Entdeckerfreude.

Das Buch wurde erstmals 2006 unter dem Titel *Wenn Papageno für Elise einen Feuervogel fängt* im Rowohlt Berlin Verlag veröffentlicht.

2020 Philipp Reclam jun. Verlag GmbH,
Siemensstraße 32, 71254 Ditzingen
Umschlaggestaltung: Kuzin & Kolling, Büro für Gestaltung
Umschlagabbildung: shutterstock / Babich Alexander
Druck und buchbinderische Verarbeitung: GGP Media GmbH,
Karl-Marx-Straße 24, 07381 Pößneck
Printed in Germany 2021
RECLAM ist eine eingetragene Marke
der Philipp Reclam jun. GmbH & Co. KG, Stuttgart
ISBN 978-3-15-011289-2

Auch als E-Book erhältlich

www.reclam.de

FSC www.fsc.org MIX Papier aus verantwortungsvollen Quellen FSC® C014496